D1726060

Comment arrêter de penser

Avis de non responsabilité

Notez chers lecteurs que les informations présentées dans ce livre sont uniquement destinées à des fins d'éducation et de connaissance. Tous les efforts ont été faits pour garantir l'exactitude des informations, leurs fiabilités et leurs sources après vérification.

Les informations ci présentes ne sauraient en aucun cas se substituer aux avis des spécialistes et l'auteur décline toute responsabilité quant à la mauvaise interprétation de ces informations.

Sommaire

Introduction 8

Chapitre 1- Qu'est-ce que trop penser ? 12

   Comment trop penser peut-il nuire à la santé 15

   Stress et Anxiété 15

   Dépression 22

   Troubles du sommeil 23

   Troubles de l'alimentation 25

   Fatigue mentale 28

Chapitre 2- Comment arrêter de trop penser. Techniques pratiques et mini-habitudes 30

   Pratiquer la pleine conscience 31

   Utiliser des méthodes de respiration consciente 33

   Comment se pratique la respiration consciente ? 35

   Trouver des activités qui vous font sentir bien 37

   Utiliser le journal 41

   Aimer et s'aimer 43

   Acceptation de soi 45

   Pratique de l'auto-compassion 46

   Prendre soin de soi 47

   Développement d'une estime de soi positive 47

   Se retirer 48

   Trouver des moyens de gérer le stress 49

   Reconnaître les pensées négatives et les transformer 52

Chapitre 3- Développer la paix intérieure et les habitudes saines . 55

   Développer une attitude positive 56

Identifier les "saboteurs" mentaux 58

Se fixer l'horizon de la journée 59

Prendre soin de soi 61

Prenez soin de votre corps 62

Prenez soin de votre esprit 62

Prenez du temps pour vous 62

Établir des liens avec les autres 62

Fixez des limites 62

S'imprégner des moments agréables 62

Regarder le chemin et pas seulement l'objectif 65

Porter un autre regard sur un échec 66

Le bilan de la fin de journée 68

Apprendre à se pardonner 69

Prenez la responsabilité de vos actions 70

Soyez gentil avec vous-même 70

Essayez de comprendre vos motivations 71

Prenez des mesures pour réparer les torts 71

Laissez aller 72

Soyez patient 72

Se concentrer sur le présent 73

Utiliser la visualisation 79

Cultiver la gratitude 83

Se connecter aux autres 85

Trouver un sens à la vie 88

Conclusion 91

Introduction

Le cerveau humain est l'une des merveilles de l'univers. Avec sa capacité de réflexion, de raisonnement et de création, il est capable de produire des pensées incroyablement complexes et originales. Cependant, cette même capacité peut aussi être notre plus grand ennemi. Trop souvent, nos pensées nous emprisonnent dans un état d'angoisse, de stress et de préoccupation constante, nous empêchant de vivre pleinement l'instant présent et d'apprécier les moments de bonheur qui se présentent à nous.

Le livre que vous tenez entre vos mains a pour but de vous aider à sortir de ce cycle de pensées incessantes et négatives. Que vous soyez confronté à des problèmes de stress, d'anxiété, de procrastination ou simplement à un manque de concentration, ce livre est là pour vous guider pas à pas vers une vie plus épanouissante et plus heureuse.

Vous y trouverez des conseils pratiques, des exercices simples et des stratégies efficaces pour apprendre à contrôler vos pensées, à vous libérer de vos peurs et à profiter pleinement de chaque instant. En suivant les étapes décrites, vous pourrez enfin retrouver une paix intérieure et une clarté d'esprit qui vous permettront de réaliser vos objectifs, de nouer des relations plus positives avec les autres et de vivre une vie plus satisfaisante dans l'ensemble.

Que vous soyez un étudiant surchargé de travail, un professionnel stressé ou simplement quelqu'un qui cherche à améliorer sa qualité de vie, ce livre est un guide essentiel pour tous ceux qui cherchent à se libérer de la tyrannie de leurs propres pensées. Alors prenez une grande respiration, ouvrez votre esprit et laissez-nous vous montrer comment arrêter de trop penser et commencer à vivre pleinement votre vie.

Nous avons tous connu ces moments où notre esprit est envahi de pensées incessantes, où notre cerveau est comme un hamster dans une roue, ne sachant pas comment s'arrêter. Nous sommes alors prisonniers de nos propres pensées, incapables de nous concentrer sur autre chose que nos préoccupations et nos soucis. Cela peut nous causer une grande anxiété, de la fatigue mentale, de la dépression, et même nous empêcher de dormir la nuit.

Heureusement, il existe des solutions pour mettre fin à ce cycle de pensées négatives. En apprenant à mieux comprendre les mécanismes de notre cerveau, en développant des techniques de méditation et de pleine conscience, en pratiquant la gratitude et en adoptant un mode de vie plus sain, nous pouvons réellement changer la façon dont notre esprit fonctionne.

Ce livre est le fruit de nombreuses années de recherches, d'expériences et de témoignages. Il a pour but de vous offrir des outils concrets pour vous aider à calmer votre esprit, à vous libérer de vos pensées obsédantes et à retrouver votre sérénité intérieure. Vous découvrirez comment mieux gérer votre stress, comment améliorer votre sommeil, comment cultiver la gratitude et comment apprendre à vivre le moment présent.

Laissez-vous guider pas à pas dans votre quête de paix intérieure et de bien-être. Nous sommes là pour vous aider à arrêter de trop penser et à commencer à vivre pleinement chaque instant de votre vie. Alors installez-vous confortablement et préparez-vous à découvrir un nouveau chemin vers la liberté de l'esprit.

Prendre conscience de la nature constante et omniprésente de la pensée peut être déconcertant. Notre esprit peut facilement devenir comme un ventilateur à plein régime, faisant des comparaisons, des prédictions, des jugements et s'inquiétant de certaines choses. Nous pouvons facilement être pris dans ce cycle sans même nous en rendre compte. Pour se libérer, la première étape consiste à en prendre conscience. Une fois que nous avons pris conscience de l'activité de notre esprit, nous pouvons prendre des mesures pour la gérer. Grâce à la pleine conscience et à une pratique intentionnelle, nous pouvons devenir les maîtres de nos pensées, au lieu d'en être les esclaves.

Examinons de plus près ce qu'est réellement l'overthinking. L'overthinking est un état mental dans lequel une personne est continuellement submergée par des pensées, des inquiétudes et des préoccupations. Cet état peut se manifester sous différentes formes, telles que la rumination constante de problèmes, l'inquiétude excessive face à l'avenir ou la tendance à créer des scénarios catastrophes dans sa tête.

Lorsque nous sommes dans cet état, notre cerveau est constamment en mouvement, essayant de résoudre des problèmes imaginaires ou réels, même lorsque cela n'est pas nécessaire. Cela peut entraîner des niveaux élevés de stress et d'anxiété, des difficultés à se concentrer sur des tâches importantes, des troubles du sommeil et une diminution de l'estime de soi.

En d'autres termes, le fait de trop penser n'est pas une simple nuisance, mais un problème sérieux qui peut impacter considérablement notre bien-être physique, mental et émotionnel. Si elle n'est pas maîtrisée, elle peut devenir une habitude destructrice dont il est difficile de se défaire.

Nous connaissons tous la sensation de trop penser - lorsque notre esprit ne peut s'empêcher de tourner en rond, de ressasser des événements ou de s'inquiéter de ce qui pourrait arriver. Qu'il s'agisse de prendre des décisions importantes ou de traiter des événements qui se sont déjà produits, l'excès de réflexion peut être un problème courant.

Vous avez probablement conduit pendant un certain temps et vous vous rendez soudain compte que vous êtes passé en "pilotage automatique". Lorsque vos pensées prennent le contrôle de vos actions, la situation est la même, sauf que vous vous réveillez dans un fossé. L'ignorer reviendrait à changer les roues de la voiture en espérant la remettre sur la route : c'est inutile, voire dangereux. Il vaut mieux se concentrer sur le moment où vous avez tourné la roue, sur le moment ou l'action qui vous a fait quitter la route. La première chose à rechercher, ce sont les panneaux de signalisation qui vous ont conduit là. Et ces panneaux, en grande partie, sont vos pensées.

Lorsque vous êtes confronté à une décision importante, vous pouvez passer des heures ou des jours à ruminer les différentes options, à évaluer le pour et le contre, sans jamais parvenir à une conclusion. Vous pouvez également vous inquiéter de l'avenir et imaginer toutes sortes de scénarios négatifs, ou rejouer et revisiter le passé pour essayer de lui donner un sens.

Il est important de reconnaître que le fait de trop penser peut avoir des effets néfastes sur notre bien-être émotionnel et physique. Elle peut augmenter notre niveau de stress, provoquer de l'anxiété, de l'épuisement et un manque de concentration. Pour protéger notre santé mentale, il est important d'apprendre à gérer nos pensées excessives et de créer des stratégies efficaces pour gérer le stress et l'anxiété.

Mais ce qu'il faut aussi savoir par rapport à la tendance à trop penser, c'est qu'elle peut rapidement devenir un cercle vicieux. Plus nous pensons, plus nous avons tendance à nous préoccuper, ce qui peut nous pousser à penser encore plus. Cela peut devenir un cycle sans fin qui nous empêche de profiter pleinement de la vie et de réaliser notre potentiel.

Bien que la réflexion soit un élément essentiel de la vie, lorsqu'elle devient excessive, alors il est temps de prendre du recul et de trouver des moyens de mieux gérer nos émotions. Il est important de se rappeler que la réflexion excessive est un processus normal et naturel qui nous aide à prendre des décisions, à trouver des solutions et à apprendre de nouvelles choses. Cependant, il ne faut pas le craindre ou le décourager lorsqu'il commence à nuire à notre santé mentale et physique.

Penser à quelque chose nous donne l'illusion d'interagir avec cette chose. En effet, nos pensées ont un sens et créent ainsi l'illusion que notre opinion peut avoir un effet sur l'objet que nous évaluons.

Comment trop penser peut-il nuire à la santé

La santé mentale est un élément essentiel de notre bien-être général, car elle nous permet de gérer nos émotions, de prendre des décisions rationnelles et de mener une vie équilibrée et satisfaisante. Malheureusement, lorsque nous sommes confrontés à des situations difficiles ou stressantes, il peut être facile de succomber à l'excès de réflexion et de se retrouver piégé dans un cycle de pensées négatives et obsessionnelles. Cette habitude de penser excessivement peut nuire gravement à notre santé mentale et physique, entraînant anxiété, dépression, insomnie, fatigue et même des maladies chroniques.

Examiner les effets de la rumination excessive et découvrir des moyens de l'atténuer peut nous aider à retrouver notre équilibre mental et à améliorer notre état de santé général. Dans cette section, nous allons étudier les effets de la pensée excessive et suggérer des approches pour la réduire.

Stress et Anxiété

L'un des effets les plus courants de la tendance à trop penser est le stress et l'anxiété. Lorsque nous sommes constamment submergés par des pensées négatives, notre corps est en mode de stress constant, ce qui peut avoir des effets nocifs sur notre santé physique et mentale. Les niveaux élevés de stress peuvent entraîner une augmentation de la tension artérielle, des maux de tête, des douleurs musculaires et articulaires, ainsi qu'une augmentation du risque de maladies cardiovasculaires.

Tout d'abord, définissons le stress. C'est quoi, le stress ?

Le stress est une réponse physiologique naturelle à une situation qui demande une action ou une adaptation de notre part. Cela peut être une situation perçue comme dangereuse ou menaçante, ou simplement une situation qui requiert une certaine forme de performance. Le stress peut être aigu, c'est-à-dire à court terme, ou chronique, c'est-à-dire à long terme. Les symptômes courants du stress comprennent une augmentation du rythme cardiaque, une respiration plus rapide, une tension musculaire, une sudation accrue, des nausées, des maux de tête et des troubles du sommeil.

Le stress peut prendre de nombreuses formes et peut être causé par une variété de facteurs, dont l'un est, comme évoqué précédemment, l'excès de réflexion. Bien que les causes du stress lié à l'excès de réflexion puissent varier d'une personne à l'autre et d'une situation à l'autre, il est possible d'identifier quelques thèmes communs. Il s'agit notamment de s'inquiéter de l'avenir, de ruminer le passé et de s'attarder sur des situations qui échappent à notre contrôle. Pour réduire votre niveau de stress, il est important de prendre des mesures proactives pour limiter vos pensées excessives, par exemple en réservant du temps chaque jour pour vous détendre et vous concentrer sur le moment présent.

L'une des causes les plus fréquentes de stress lié à l'excès de réflexion est l'obsession de la perfection. Lorsque nos attentes à l'égard de nous-mêmes deviennent trop élevées, nous pouvons nous autocritiquer à l'excès et nous soumettre à des normes irréalistes. Cela peut conduire à un cycle perpétuel de doute de soi, de remise en question de nos décisions et de nos choix, et de sentiment de ne jamais être à la hauteur de nos propres attentes. Cette obsession de la perfection peut être incroyablement stressante, car elle exerce une pression énorme sur nous pour que nous réussissions dans tous les aspects de notre vie, qu'il s'agisse de notre travail, de nos relations personnelles ou de nos loisirs. Cependant, il est important de se rappeler que la perfection est inatteignable et que nous devrions viser l'excellence plutôt que la perfection. Apprendre à être bienveillant envers soi-même et à reconnaître ses propres succès, aussi petits soient-ils, est essentiel pour gérer le stress et mener une vie saine et équilibrée.

En plus de l'obsession de la perfection, les pensées excessives peuvent être liées à notre tendance à ressasser le passé ou à anticiper l'avenir. Nous pouvons passer beaucoup de temps à revivre des événements passés, à nous reprocher des erreurs ou des choix que nous avons faits, ou à nous inquiéter de l'avenir. Cette rumination peut nous empêcher de profiter du moment présent et de nous concentrer sur ce qui est important dans notre vie actuelle.

Notre désir constant de tout contrôler peut être incroyablement préjudiciable à notre bien-être et à notre santé mentale. Lorsque nous essayons constamment de gérer et de prévoir tous les aspects de notre vie, tels que le travail, les relations, la santé et les finances, nous nous inquiétons de l'avenir, nous nous sentons frustrés et anxieux si les choses ne se déroulent pas comme prévu, et nous nous sentons stressés par les décisions que nous prenons. Cela peut nous empêcher d'atteindre nos objectifs et de tirer le meilleur parti de la vie. Au lieu d'essayer de tout contrôler, il est important d'apprendre à lâcher prise, à accepter les choses que nous ne pouvons pas contrôler et à se concentrer sur celles que nous pouvons contrôler. Cela peut nous aider à atteindre une plus grande tranquillité d'esprit, une plus grande satisfaction et un plus grand bonheur.

Mais aussi, les problèmes de sommeil peuvent être à l'origine d'une réflexion excessive. Lorsque nous avons du mal à passer une bonne nuit de sommeil, nos pensées peuvent s'emballer et nos inquiétudes prendre le dessus, entraînant un stress et une anxiété intenses au cours de la journée. Il peut être difficile de rompre ce cycle, car le manque de sommeil peut aggraver les effets de notre stress et de notre anxiété. Prendre des mesures pour améliorer l'hygiène de votre sommeil, comme éviter la caféine et les écrans tard dans la nuit, peut être un élément important pour trouver un soulagement à l'excès de pensées.

Vous arrive-t-il parfois de trop réfléchir et de vous sentir anxieux lorsque vous êtes confronté à quelque chose de nouveau ou d'incertain ? C'est ce qu'on appelle la peur de l'inconnu, et elle peut être paralysante, car notre esprit passe en revue toutes les conséquences possibles de nos décisions et de nos actions. Il est important de se rappeler que la plupart du temps, le pire des scénarios ne se produit jamais. Au lieu de vous inquiéter et de vous stresser, concentrez-vous sur le présent et sur les possibilités qu'offre l'inconnu.

Le sixième point à prendre en compte concernant les effets négatifs de l'excès de réflexion est la possibilité de manquer des opportunités précieuses. Le fait de ressasser constamment nos inquiétudes et nos angoisses peut nous amener à sur analyser des situations et à augmenter potentiellement notre niveau de stress. La peur de l'échec peut nous accaparer au point de ne pas saisir des opportunités qui auraient pu être bénéfiques à long terme. Cette peur peut se manifester dans notre vie personnelle et professionnelle, ainsi que dans notre vie quotidienne lorsque nous devons faire des choix. Nous pouvons être tellement préoccupés par la possibilité de prendre la mauvaise décision que nous ne prenons aucune mesure, ce qui nous fait manquer des occasions qui pourraient avoir un impact positif sur notre vie.

Rester organisé et prendre le contrôle de la situation peut contribuer à réduire le stress lorsque nous sommes submergés par trop d'informations ou trop de tâches. La surcharge cognitive peut nous amener à ruminer les différentes tâches que nous devons accomplir, à nous inquiéter de ne pas pouvoir tout faire et à nous sentir dépassés par les exigences de notre vie quotidienne. Il est important de prendre du recul et d'établir des priorités, de se concentrer sur une tâche à la fois et de diviser les grands projets en petits morceaux faciles à gérer. Ce faisant, nous pouvons réduire notre stress et mieux gérer notre charge cognitive.

Lorsque nous nous préoccupons trop du bien-être des autres, il peut être facile de se laisser envahir par l'inquiétude et la culpabilité. Nous pouvons avoir l'impression de devoir faire tout ce qui est en notre pouvoir pour les aider, même si la situation est hors de notre contrôle. Cela peut entraîner un stress émotionnel considérable et un sentiment de responsabilité pour les problèmes des autres. Pour faire face à cette pression, il est important de prendre soin de soi et de reconnaître ses limites. En prenant du recul et en réfléchissant à nos propres besoins, nous pouvons mieux gérer nos émotions et trouver des moyens plus sains de soutenir ceux qui nous entourent.

L'anxiété peut également avoir des effets négatifs sur la santé mentale. Les personnes qui ont tendance à trop penser peuvent être préoccupées par des problèmes imaginaires ou des scénarios catastrophes, ce qui peut entraîner des niveaux élevés d'anxiété et de panique. Cette anxiété peut être tellement intense qu'elle peut interférer avec la vie quotidienne de la personne, l'empêchant de dormir, de se concentrer ou de socialiser avec les autres.

Le stress et l'anxiété sont deux termes souvent utilisés ensemble, car ils sont tous deux des réactions émotionnelles courantes face à des situations stressantes ou menaçantes. Cependant, bien qu'ils soient liés, ils ne sont pas exactement la même chose.

L'anxiété, est une réponse émotionnelle plus complexe qui implique souvent des sentiments d'inquiétude, de peur et d'incertitude face à une situation ou à un événement futur. Contrairement au stress, l'anxiété n'est pas toujours liée à une situation immédiate. Elle peut être causée par une variété de facteurs, notamment des problèmes de santé mentale sous-jacents tels que les troubles anxieux ou la dépression. Les symptômes courants de l'anxiété comprennent des pensées excessives ou obsédantes, une sensation de panique ou d'appréhension, une agitation, une fatigue, une irritabilité, des problèmes de sommeil et des douleurs physiques comme des maux de tête ou des douleurs abdominales.

Des millions de personnes dans le monde luttent contre les effets du stress et de l'anxiété. Qu'il s'agisse de l'activité quotidienne, des pressions professionnelles, des relations tumultueuses ou des complexités de la vie, il est facile de se laisser submerger par un flot de pensées négatives et d'éprouver d'immenses niveaux de stress et d'anxiété. Bien qu'il s'agisse d'une période difficile, il est possible de gérer le stress et de réduire l'anxiété. Prendre le temps d'identifier et de traiter les sources de stress et d'anxiété, développer des stratégies d'adaptation et trouver le soutien de ses proches peut contribuer à atténuer ces problèmes et à améliorer le bien-être mental en général.

Dans l'ensemble, le stress et l'anxiété sont des réponses émotionnelles normales et naturelles à des situations de la vie courante. Cependant, s'ils sont trop fréquents ou chroniques, ils peuvent avoir un impact négatif sur la santé physique et mentale. Il est important de reconnaître les signes de stress et d'anxiété et de chercher des moyens de les gérer efficacement pour maintenir une bonne santé mentale et physique.

La tendance à trop réfléchir peut augmenter de manière significative le risque de développer une dépression. Les personnes qui ont tendance à trop réfléchir peuvent avoir des pensées négatives et une faible estime d'elles-mêmes, ce qui peut conduire à des sentiments de dépression. En outre, cette tendance peut amener les personnes concernées à se retirer de la vie sociale et à éviter les situations qui déclenchent les pensées négatives.

Le lien entre la tendance à trop penser et la dépression est complexe et multifactoriel. Cependant, plusieurs études ont montré que les personnes qui ont tendance à trop penser ont un risque plus élevé de développer une dépression.

Lorsque nous avons une pensée négative, notre cerveau peut se mettre dans un état de stress et produire des hormones telles que le cortisol et l'adrénaline, qui sont associées à une réponse de combat ou de fuite. Si cette réponse est fréquente, cela peut conduire à une surproduction d'hormones de stress et à une inflammation chronique dans le corps, ce qui peut augmenter le risque de développer une dépression.

De plus, la tendance à trop penser peut également interférer avec le sommeil, car les pensées négatives peuvent empêcher une personne de s'endormir ou la réveiller pendant la nuit. Le manque de sommeil peut également être un facteur de risque de dépression, car il peut affecter l'humeur, la motivation et la capacité de la personne à faire face aux défis quotidiens.

La tendance à la surréflexion peut également affecter la façon dont une personne interprète les événements de la vie. Les personnes qui ont tendance à trop penser ont souvent une vision négative et pessimiste des événements, ce qui peut contribuer à la dépression. Par exemple, une personne qui a perdu son emploi peut se concentrer sur les aspects négatifs de la situation, comme le manque de revenus, le stress financier et la perte de statut social, plutôt que de se concentrer sur les opportunités futures.

Enfin, la tendance à trop penser peut également affecter la capacité de la personne à interagir socialement. Les personnes qui ont tendance à trop penser peuvent être plus susceptibles d'interpréter les interactions sociales de manière négative, ce qui peut les rendre plus anxieuses et plus stressées. Cela peut les amener à éviter les situations sociales et à se sentir isolées, ce qui peut aggraver la dépression.

Troubles du sommeil
La tendance à trop réfléchir peut avoir un impact sérieux sur la qualité du sommeil. Les personnes qui sont assaillies par des pensées constantes peuvent avoir du mal à s'endormir ou à rester endormies, ce qui se traduit par un manque de sommeil réparateur. Cela peut entraîner de la fatigue, de l'irritabilité, une baisse de la concentration et une diminution des performances cognitives, autant d'éléments qui peuvent augmenter le risque de problèmes de santé physique et mentale à long terme.

Mais le lien entre les pensées excessives et les troubles

du sommeil est encore plus profond. Non seulement le fait de trop penser peut entraîner des difficultés à dormir, mais le manque de sommeil réparateur peut également aggraver la tendance à trop penser.

Lorsque nous avons des pensées négatives ou anxieuses, notre cerveau peut se mettre dans un état d'alerte, ce qui peut activer la production de certaines hormones de stress comme le cortisol. Le cortisol peut augmenter notre vigilance et notre réactivité, ce qui peut nous empêcher de nous endormir ou de nous réveiller pendant la nuit. Les personnes qui ont tendance à trop penser peuvent avoir des pensées qui les empêchent de se détendre, ce qui peut les empêcher de s'endormir ou de rester endormi.

Mais ce n'est pas tout : le manque de sommeil peut également avoir un impact sérieux sur notre santé mentale. Le sommeil est essentiel à la régulation de l'humeur et les personnes qui souffrent de troubles du sommeil sont plus susceptibles de développer des problèmes de santé mentale tels que l'anxiété et la dépression. En outre, le manque de sommeil peut également affecter notre capacité à faire face au stress, ce qui peut aggraver la tendance à trop réfléchir.

Il est important de reconnaître les effets néfastes de la surréflexion et du manque de sommeil et de s'efforcer d'adopter des habitudes de pleine conscience qui peuvent contribuer à améliorer la qualité de notre sommeil. Ce n'est qu'à cette condition que nous pourrons espérer retrouver notre bien-être mental et physique.

Un sommeil suffisant est essentiel pour la santé

physique et mentale. Pour améliorer la qualité de votre sommeil, il est important d'établir une routine de sommeil régulière, de faire de l'exercice régulièrement et de prendre le temps de vous détendre avant de vous coucher. Si vous avez toujours des difficultés à dormir, il est important de consulter un professionnel de la santé pour déterminer la cause sous-jacente et obtenir un traitement approprié. Avec l'aide appropriée et en adaptant votre mode de vie, vous pouvez vous assurer d'obtenir le sommeil réparateur dont votre corps a besoin.

Troubles de l'alimentation

Les personnes qui réfléchissent trop ont souvent du mal à gérer leurs émotions, ce qui augmente le risque de développer un trouble de l'alimentation. L'inquiétude constante et les pensées négatives peuvent conduire à une fixation malsaine sur la nourriture ou à manger comme moyen de faire face au stress et à l'anxiété. Cela peut se manifester par des comportements alimentaires désordonnés tels que la boulimie ou l'anorexie, qui peuvent avoir des conséquences physiques et psychologiques dévastatrices.

Les troubles de l'alimentation sont des maladies psychologiques graves qui ont des effets dévastateurs sur le bien-être physique, mental et émotionnel des personnes touchées. Ils se caractérisent par des comportements alimentaires déformés qui peuvent avoir de graves conséquences sur la santé et le bien-être des personnes qui en souffrent. Les types de troubles alimentaires les plus courants sont l'anorexie, la boulimie et les troubles alimentaires non spécifiés (ED-NOS). Les personnes souffrant de troubles de l'alimentation sont confrontées à une perception altérée de la taille, de la forme et du poids de leur corps, ainsi qu'à une relation compliquée avec la nourriture et l'image corporelle. Ces troubles s'accompagnent souvent de symptômes tels que l'anxiété, la dépression et une faible estime de soi.

L'overthinking peut être lié à des troubles de l'alimentation tels que l'anorexie mentale, la boulimie et le trouble de l'alimentation non spécifié. Les pensées négatives et la rumination excessive peuvent entraîner des comportements alimentaires malsains et une obsession pour la nourriture.

Cette fixation sur la perfection peut conduire à des comportements dangereux, tels que des régimes restrictifs et des exercices excessifs pour obtenir un poids inférieur à la normale. Si elle n'est pas maîtrisée, cette obsession peut rapidement évoluer vers un trouble du comportement alimentaire. Il est important de reconnaître rapidement les signes d'une réflexion excessive et d'un comportement alimentaire malsain, et de rechercher une aide professionnelle pour garantir votre santé physique et mentale.

Outre les pensées excessives, des comportements alimentaires impulsifs tels que la boulimie peuvent également en être la conséquence. Les personnes qui ont des pensées anxieuses et négatives peuvent utiliser la nourriture comme moyen d'y faire face, ce qui les amène à consommer de grandes quantités de nourriture en peu de temps. Après une crise de boulimie, les sentiments de honte et de culpabilité peuvent alimenter les pensées excessives et aggraver le trouble alimentaire. Il est donc important d'identifier et de traiter ces problèmes afin de les gérer efficacement.

De plus, les personnes qui ont tendance à trop analyser peuvent avoir du mal à interpréter les signaux de leur corps, tels que la faim et la satiété. Elles peuvent avoir du mal à reconnaître les besoins de leur corps et à savoir quand il est temps d'arrêter de manger, ce qui les conduit à trop manger ou à ne pas assez manger. Les comportements compulsifs, tels que la suralimentation ou le contrôle obsessionnel des calories, sont également fréquents chez les personnes qui ont tendance à trop réfléchir. Cela peut avoir des effets néfastes sur leur santé physique et mentale.

Enfin, la tendance à trop penser peut également être liée à des problèmes de contrôle de soi. Les personnes qui ont des pensées anxieuses et négatives peuvent avoir du mal à contrôler leur comportement alimentaire, ce qui peut entraîner des comportements alimentaires malsains et des troubles de l'alimentation.

Pour récapituler par rapport aux conséquences sur l'alimentation : la tendance à trop penser peut être liée à ce genre de troubles tels que l'anorexie mentale, la boulimie et le trouble de l'alimentation non spécifié. Les pensées négatives et la rumination excessive peuvent entraîner des comportements alimentaires malsains et une obsession pour la nourriture. Si vous vous sentez concerné par votre relation à la nourriture, il est important de consulter un professionnel de la santé mentale pour obtenir un diagnostic et un traitement appropriés.

La tendance à trop réfléchir peut être préjudiciable à notre santé mentale, entraînant une fatigue mentale et une diminution de la concentration et des performances cognitives. Cela peut rendre difficile l'accomplissement des tâches quotidiennes et peut même avoir un impact sur la capacité d'une personne à travailler et à étudier efficacement.

Lorsque nous sommes constamment en train de réfléchir et d'analyser les situations, notre cerveau est sollicité en permanence. Cette activité mentale constante peut conduire à un épuisement, qui se manifeste par une fatigue physique, un manque d'énergie et une difficulté à se concentrer.

La fatigue mentale peut avoir un impact significatif sur notre bien-être émotionnel, comportemental et cognitif. Lorsque nous nous sentons fatigués mentalement, nous pouvons devenir irritables, frustrés ou stressés, ce qui peut entraîner des conflits interpersonnels et des difficultés de communication. En outre, la fatigue mentale peut nuire à notre capacité à prendre des décisions judicieuses et à résoudre des problèmes de manière efficace, ce qui se traduit par une baisse de la productivité au travail et dans la vie de tous les jours. Faire des pauses régulières et pratiquer une activité physique peut contribuer à réduire les effets de la fatigue mentale et nous permettre de fonctionner au mieux de nos capacités.

La fatigue mentale peut également affecter notre sommeil. Lorsque notre cerveau est constamment en ébullition, il peut être difficile de se déconnecter et de se reposer la nuit. Sans une qualité de sommeil suffisante, il peut être difficile de sortir du cercle vicieux des pensées excessives et de la fatigue mentale. En conséquence, nous pouvons avoir du mal à nous endormir ou être réveillés fréquemment au cours de la nuit. Pour éviter cela et donner à notre esprit le repos dont il a besoin, il vous est essentiel de pratiquer une bonne hygiène du sommeil et de créer un environnement propice à un sommeil réparateur.

Elle peut aussi affecter notre capacité à gérer le stress. Lorsque nous sommes fatigués mentalement, nous pouvons avoir du mal à faire face aux défis de la vie quotidienne. Les tâches qui semblent normalement simples peuvent sembler insurmontables, et nous pouvons nous sentir dépassés par nos responsabilités. Cette difficulté à gérer le stress peut entraîner une spirale descendante de pensées négatives et d'épuisement mental.

Pour prévenir et traiter la fatigue mentale liée à la tendance à votre pensée, il est important de prendre des mesures pour réduire le stress et favoriser la relaxation. Des techniques telles que la méditation, la respiration profonde, le yoga et la thérapie peuvent aider à calmer l'esprit et à réduire l'activité mentale excessive. Il est également important de s'assurer d'avoir un sommeil de qualité en adoptant une routine de sommeil régulière et en limitant la consommation de stimulants tels que la caféine.

Chapitre 2- Comment arrêter de trop penser. Techniques pratiques et mini-habitudes

Dans notre monde moderne, nous sommes souvent submergés par un cycle apparemment sans fin de pensées et de soucis. Les inquiétudes liées au travail, aux problèmes personnels, aux médias sociaux, aux nouvelles inquiétantes et à bien d'autres choses encore peuvent nous empêcher de trouver la satisfaction et d'atteindre nos objectifs. Ces pensées persistantes peuvent avoir un impact considérable sur notre bien-être mental et physique, nous laissant épuisés et incapables de profiter pleinement de la vie.

Heureusement, il existe des moyens de rompre le cycle de la rumination et de reprendre le contrôle de nos pensées. Il existe des techniques pratiques et des mini-habitudes que nous pouvons mettre en place pour arrêter de trop penser et retrouver la paix intérieure. Dans ce chapitre, nous explorerons ces méthodes, qui mélangent plusieurs domaines dont la psychologie, la méditation, la thérapie et la philosophie.

Nous verrons comment la pratique régulière de la méditation peut améliorer notre santé mentale et physique, nous aidant à mieux gérer notre stress, à améliorer notre sommeil et à renforcer notre concentration.

Nous explorerons également les bienfaits de l'écriture

expressive, une technique qui consiste à écrire ses pensées et ses émotions pour mieux les comprendre et les traiter.

Nous étudierons également les avantages de la pleine conscience, une technique qui nous invite à vivre l'instant présent et à être attentif à notre environnement. Nous verrons comment cette pratique peut nous aider à mieux apprécier la vie, à améliorer nos relations avec les autres et à réduire notre tendance à trop penser.

Enfin, nous aborderons des mini-habitudes simples et pratiques que nous pouvons mettre en place au quotidien pour arrêter de trop penser. Nous verrons comment de petits changements dans notre routine quotidienne peuvent faire une grande différence dans notre état d'esprit.

Dans l'ensemble, ce chapitre est un guide pratique pour apprendre à arrêter de trop penser et à retrouver la paix intérieure. En prenant des mesures pour réduire le stress, en pratiquant la pleine conscience et en cultivant la pensée positive, nous pouvons nous libérer du fardeau des pensées excessives et reprendre le cours de notre vie.

Pratiquer la pleine conscience

Et en parlant de pleine conscience, c'est la première technique dont nous allons parler ici ! Mais alors, c'est quoi "pratiquer la pleine conscience" et comment peut-elle nous aider ?

La pleine conscience consiste à être conscient de l'instant présent et à porter une attention particulière à l'environnement qui nous entoure, sans jugement ni critique.

Lorsque nous pratiquons la pleine conscience, nous pouvons nous éloigner des pensées incessantes qui assaillent notre esprit et acquérir un sentiment de calme et de clarté. Plutôt que de nous laisser happer par le flux incessant de nos pensées, nous pouvons les observer sans leur accorder trop d'importance.

La pleine conscience peut être pratiquée de nombreuses façons, mais l'une des plus courantes est la méditation de pleine conscience. Il s'agit de se concentrer sur sa respiration ou sur une partie spécifique de son corps, d'absorber les sensations qui se présentent et de les laisser passer sans les juger. En procédant ainsi, nous pouvons cultiver une conscience plus profonde de nos pensées et de nos sentiments, et commencer à mieux contrôler notre expérience intérieure.

Pendant la méditation de pleine conscience, il est inévitable que des pensées surgissent. Cependant, plutôt que de se laisser distraire par ces pensées, il est important de les observer et de les laisser passer sans leur accorder trop d'attention.

Avec une pratique régulière, la pleine conscience peut nous aider à être plus présents et à profiter pleinement des moments de la vie, plutôt que de les laisser passer sans y prêter attention. En outre, elle peut réduire le stress et l'anxiété, améliorer l'humeur, accroître la concentration et la créativité et améliorer la qualité du sommeil.

Il est important de se rappeler que la pleine conscience

est une compétence qui nécessite une pratique régulière pour être efficace. Il faut du temps et de la patience pour apprendre à pratiquer correctement la pleine conscience, mais avec de l'engagement et du dévouement, la pleine conscience peut devenir une habitude naturelle dans notre vie quotidienne.

Cette pratique peut aider à réduire le stress, à améliorer la concentration et à renforcer la résilience émotionnelle, elle permet de se concentrer sur le moment présent, plutôt que de laisser l'esprit vagabonder dans des pensées ou des soucis incessants. Cette technique aide aussi à réduire l'anxiété, l'insomnie et d'autres symptômes liés au stress en apprenant à se concentrer sur le moment présent plutôt que de se perdre dans des pensées négatives.

La pratique régulière de la pleine conscience peut également aider à renforcer la résilience émotionnelle. En développant une conscience de ses pensées et de ses émotions, on peut apprendre à mieux les comprendre et à mieux les gérer. Cela peut aider à réduire les réactions impulsives ou émotionnelles, et à prendre des décisions plus réfléchies.

Utiliser des méthodes de respiration consciente

Utiliser des méthodes de respiration consciente est une technique simple mais efficace pour arrêter de trop penser. La respiration consciente implique de porter attention à sa respiration et de contrôler le rythme et la profondeur de sa respiration pour se calmer et se détendre.

Lorsque nous sommes stressés ou anxieux, notre respiration peut devenir rapide et superficielle. En prenant le temps de porter attention à notre respiration et de ralentir notre rythme respiratoire, nous pouvons calmer notre esprit et notre corps et réduire l'anxiété.

Par contre, il faut savoir que la technique de la pleine conscience et la méthode de la respiration consciente sont deux pratiques différentes, bien qu'elles soient toutes deux des formes de méditation.

La pleine conscience consiste à être conscient de ses pensées, de ses émotions et de ses sensations corporelles dans le moment présent, sans jugement ni analyse excessive. Elle peut se concentrer sur la respiration, sur les sensations corporelles ou sur les pensées, mais le but est toujours de se concentrer sur le moment présent et d'observer ce qui se passe en soi sans jugement.

La méthode de la respiration consciente, en revanche, se concentre spécifiquement sur la respiration. Elle consiste à prendre conscience de sa respiration, à respirer profondément et lentement, et à se concentrer sur les sensations physiques de l'air entrant et sortant des poumons. Le but de cette pratique est de se calmer et de réduire l'anxiété.

Bien que la respiration consciente puisse être un aspect de la pleine conscience, la pleine conscience est une pratique plus large qui peut inclure la prise de conscience de ses pensées, de ses émotions et de ses sensations corporelles, alors que la méthode de la respiration consciente se concentre uniquement sur la respiration. La pleine conscience peut être utilisée comme une technique plus générale pour se concentrer sur le moment présent et réduire le stress, tandis que la respiration consciente peut être utilisée de manière plus spécifique pour aider à calmer l'esprit et à réduire l'anxiété.

Bien, maintenant que nous avons expliqué la différence entre les 2 techniques :

Comment se pratique la respiration consciente ?

Il existe plusieurs méthodes de respiration consciente. La méthode la plus courante est la respiration abdominale, également appelée respiration diaphragmatique. C'est une technique puissante et utile. Pratiquée correctement, cette technique peut contribuer à réduire le stress, à améliorer la posture et même à augmenter la consommation d'oxygène. Pour la pratiquer, commencez par trouver une position confortable, assise ou allongée. Placez une main sur votre ventre et l'autre sur votre poitrine. Inspirez profondément par le nez, en laissant l'air remplir votre ventre plutôt que votre poitrine. Vous devriez sentir votre abdomen se gonfler comme un ballon. Retenez votre souffle pendant quelques secondes, puis expirez lentement par la bouche en chassant tout l'air de vos poumons. Vous devriez sentir votre abdomen se dégonfler lentement. En pratiquant régulièrement, vous pouvez améliorer votre santé respiratoire et réduire votre stress.

Une autre méthode est la respiration en carré, qui implique de respirer lentement et profondément en comptant jusqu'à quatre à chaque étape de la respiration (inspiration, rétention, expiration et pause).

Pour pratiquer la respiration carrée, commencez par trouver une position confortable et détendez vos épaules. Inspirez profondément pendant quatre secondes, en sentant vos poumons se gonfler complètement d'air. Retenez cette respiration pendant quatre secondes, puis expirez lentement pendant quatre autres secondes. Faites une pause de quatre secondes avant de répéter le cycle. Le rythme de quatre secondes d'inspiration, de retenue de la respiration, d'expiration et de pause crée une respiration régulière, c'est pourquoi on l'appelle "respiration carrée".

La respiration carrée est un excellent moyen de réduire le stress et l'anxiété, d'améliorer la fonction pulmonaire et la circulation sanguine générale. Elle vous aide à vous détendre et à recentrer votre esprit, ce qui vous permet de trouver un état paisible d'équilibre et de bien-être.

En utilisant ces méthodes de respiration consciente, on peut apprendre à contrôler son rythme respiratoire pour calmer son esprit et se concentrer sur l'instant présent. Cela peut aider à réduire l'anxiété et le stress, améliorer la qualité du sommeil et augmenter la concentration et la créativité.

Il est essentiel de comprendre qu'une pratique régulière est nécessaire pour maîtriser les techniques de respiration en pleine conscience. Prendre le temps de pratiquer quotidiennement des exercices de respiration en pleine conscience peut aider à mieux gérer les pensées et les émotions, ainsi qu'à réduire les effets néfastes du stress et de l'anxiété. Avec une pratique régulière, on peut apprendre à utiliser ces techniques de respiration pour mieux faire face aux situations difficiles et améliorer son bien-être général.

Trouver des activités qui vous font sentir bien
Trouver des activités qui vous font sentir bien peut être une méthode efficace pour arrêter de trop penser. Lorsque nous sommes pris dans une spirale de pensées négatives, il peut être difficile de sortir de ce cycle et de se concentrer sur autre chose. C'est là qu'interviennent les activités qui nous font sentir bien. En identifiant et en pratiquant régulièrement des activités qui nous apportent de la joie et nous permettent de nous détendre, nous pouvons changer notre état d'esprit et nous concentrer sur l'instant présent.

Les activités qui peuvent nous faire sentir bien sont nombreuses et varient d'une personne à l'autre. Certaines personnes préfèrent des activités physiques comme la marche, la course, le yoga ou la danse, tandis que d'autres préfèrent des activités plus créatives comme la peinture, l'écriture ou la musique. Il est important de trouver des activités qui correspondent à nos goûts et à nos intérêts personnels afin de les pratiquer régulièrement et d'en ressentir les bienfaits.

Pratiquer des activités qui nous font sentir bien peut avoir des avantages sur notre santé mentale. Les activités physiques peuvent aider à réduire les niveaux de stress et d'anxiété en libérant des endorphines, des hormones du bien-être, dans notre corps. Les activités créatives, quant à elles, peuvent aider à libérer notre créativité et à nous donner un sentiment d'accomplissement.

En incorporant ses activités là dans notre routine quotidienne, nous pouvons créer une habitude positive qui nous permet de nous détendre et de nous concentrer sur l'instant présent. Lorsque nous sommes plongés dans une activité que nous aimons, nous pouvons oublier nos problèmes et nos préoccupations, ce qui peut réduire les niveaux de stress et d'anxiété.

Trouver ce genre de passe-temps peut également nous aider à sortir de notre zone de confort et à explorer de nouveaux centres d'intérêt. En explorant de nouvelles activités, nous pouvons découvrir des passions cachées et des talents que nous ne connaissions pas auparavant.

Voici quelques exemples d'activités qui peuvent aider à se sentir bien et à éviter de trop penser :

- *Marcher en nature* : Faites une pause dans la vie quotidienne et renouez avec la nature. Marcher dans la nature peut aider à réduire le stress et à calmer l'esprit. Trouvez un endroit calme et paisible dans la nature et promenez-vous tranquillement. Respirez l'air frais et admirez le paysage. Écoutez les bruits de la nature et sentez la chaleur du soleil sur votre peau. Laissez votre esprit s'évader et permettez-vous de vous détendre et de profiter du moment présent.
- *Pratiquer le yoga* : Pratiquez le yoga et découvrez ses bienfaits par vous-même ! La pratique du yoga permet de réduire le stress et l'anxiété et de créer un sentiment de paix intérieure. Le yoga associe des postures physiques à une concentration mentale pour vous aider à être plus à l'écoute de votre corps, à développer votre force et votre

souplesse et à cultiver un sentiment de relaxation. Avec une pratique régulière, vous pouvez constater une augmentation de votre énergie et une diminution de votre niveau de stress.

- *Peindre ou dessiner* : La peinture ou le dessin est une forme d'expression incroyablement thérapeutique. Elle vous permet d'exprimer vos émotions et votre créativité d'une manière sûre et positive. Non seulement elle contribue à réduire le niveau de stress, mais elle vous encourage également à rester dans l'instant présent et à vous concentrer sur le processus créatif, ce qui permet à votre esprit de se détacher de toute pensée négative. Il vous suffit de prendre un pinceau, une toile ou un crayon et de laisser libre cours à votre imagination !

- *Écouter de la musique* : Un classique. Et pourtant, écouter de la musique apaisante peut être un moyen efficace de réduire le stress et de se libérer l'esprit ! Prenez quelques minutes chaque jour pour vous asseoir et écouter de la musique apaisante et relaxante. Laissez les sons apaisants de la musique vous envelopper et vous débarrasser du stress et des soucis de la journée. Sentez votre esprit et votre corps se détendre tandis que vous sombrez dans un bonheur paisible.

- *Lire un livre* : Un peu ce que vous faites en ce moment ? La lecture d'un livre peut être un excellent moyen d'échapper au stress et aux angoisses de la vie quotidienne. Non seulement elle peut vous aider à vous détendre et à oublier les soucis du monde, mais elle peut aussi vous donner l'occasion d'explorer un nouveau monde, d'apprendre des faits intéressants et même d'acquérir de nouvelles perspectives. Alors, lorsque vous choisissez un livre à lire, choisissez-en un qui vous passionne et plongez-vous dedans pendant quelques heures. Chaque page tournée vous permettra d'échapper aux réalités du monde et de réduire votre niveau de stress.

- *Faire du sport* : Trouvez un sport que vous aimez et intégrez-le à votre routine. Non seulement la pratique d'un sport vous aidera à réduire votre niveau de stress et d'anxiété, mais elle libérera également des endorphines, qui sont des hormones naturelles contribuant à améliorer votre humeur et votre niveau d'énergie. Trouvez donc un sport qui vous plaise et allez-y pour vous amuser !

- *Passer du temps avec des amis* : Passer du temps avec des amis est un excellent moyen d'améliorer votre humeur. Qu'il s'agisse de planifier une soirée amusante ou de prendre un café avec quelqu'un qui vous est cher, prendre le temps de passer du temps avec vos amis peut avoir un impact positif considérable sur votre bien-être. Alors n'hésitez pas à prendre du temps pour les personnes qui comptent pour vous !

- *Prendre un bain chaud* : Prenez un bain chaud et apaisant pour réduire votre niveau de stress et détendre votre corps et votre esprit. Ajoutez des huiles essentielles ou des sels de bain calmants pour renforcer l'effet apaisant et laissez-vous emporter dans un état de relaxation paisible. Que vous souhaitiez relâcher la tension ou simplement vous détendre après une longue journée, un bain chaud peut être ce qu'il vous faut.

Ce ne sont là que quelques exemples d'activités qui

peuvent vous aider à vous sentir bien et à éviter de trop penser. N'hésitez pas à expérimenter différentes activités pour déterminer celles qui vous conviennent le mieux. Avec un peu d'effort, vous pouvez commencer à vous sentir plus positif et en contrôle.

Utiliser le journal

L'écriture peut être un outil incroyablement puissant pour améliorer notre santé mentale et notre bien-être. Non seulement elle nous aide à donner un sens à nos pensées et à nos sentiments, mais elle nous permet également de rester concentrés dans le moment présent et d'acquérir une nouvelle perspective sur des situations troublantes. En prenant le temps d'écrire nos pensées et nos émotions, nous pouvons gagner en clarté, traiter les expériences difficiles et résoudre efficacement nos problèmes de manière constructive. L'écriture peut être un moyen précieux d'acquérir une meilleure compréhension de nous-mêmes et de notre vie, et de créer des changements positifs.

C'est non seulement un excellent moyen d'acquérir une meilleure connaissance de soi et une meilleure compréhension, mais cela peut également nous aider à nous sentir plus connectés, plus autonomes et plus optimistes.

Voici quelques conseils pour vous aider à tirer le meilleur parti de votre journal :

- *Écrivez tous les jours* : Établissez une routine d'écriture quotidienne et veillez à écrire quelque chose chaque jour, même si ce n'est que pour quelques minutes. Trouvez un endroit calme pendant la journée où vous pouvez vous asseoir et écrire sans être dérangé. Plus vous écrirez, plus cela deviendra une habitude et plus il vous sera facile de vous y tenir. L'écriture peut vous aider à vous libérer l'esprit, à exprimer vos pensées et vos sentiments, et peut même être une source d'inspiration. Engagez-vous à écrire tous les jours et vous en récolterez les fruits !

- *Écrivez sans réfléchir* : Laissez tomber le besoin d'être parfait. Ne vous souciez pas de la qualité de votre écriture, ni de sa structure, ni même de sa grammaire. Écrivez simplement ce qui vous passe par la tête, sans vous soucier de ce que les autres peuvent penser. Autorisez-vous à exprimer vos pensées et vos sentiments sans craindre le jugement ou la censure. Ce que vous écrirez sera suffisamment bon, et ce sera uniquement le vôtre !

- *Écrivez vos pensées et vos émotions* : Écrire sur ses émotions, ses inquiétudes et ses préoccupations peut s'avérer incroyablement thérapeutique. Cela peut vous aider à identifier et à exprimer les problèmes qui vous préoccupent et vous permettre de mieux comprendre votre propre bien-être mental et émotionnel. Mais n'oubliez pas d'écrire également sur les moments positifs de joie et de bonheur que vous avez vécus. Réfléchir à ces moments peut améliorer votre humeur et apporter un sentiment de légèreté et de calme à votre journée. Prenez le temps de faire le point sur les bonnes choses de votre vie et d'apprécier les petits bonheurs qu'il est si facile de négliger.

- *Posez-vous des questions* : Prenez le temps de vous poser des questions pertinentes sur vos pensées et vos émotions. Cela peut vous aider à mieux comprendre ce que vous ressentez et pourquoi. Par exemple, "Pourquoi suis-je anxieux en ce moment ?" ou "Quelle est la source de cette émotion ?" Ces questions peuvent vous aider à donner un sens à vos sentiments de manière plus constructive

- *Réfléchissez sur vos écrits* : Prenez le temps de relire ce que vous avez écrit après l'avoir terminé. Réfléchissez au contenu et aux thèmes que vous avez explorés et recherchez des modèles ou des idées sous-jacentes. Cela peut vous donner un aperçu précieux de votre processus de pensée et vous aider à trouver des solutions à vos problèmes. En prenant du recul et en examinant votre texte sous un angle différent, vous pouvez mieux comprendre vos idées et les exprimer plus clairement.

La tenue d'un journal peut être un outil puissant pour toute personne souffrant de pensées excessives et d'anxiété. Le fait d'écrire vos pensées, vos sentiments et vos expériences peut vous aider à mieux comprendre les problèmes qui vous causent du stress, ce qui vous permet d'être plus présent dans l'instant et de vous libérer d'une inquiétude excessive. N'ayez pas peur d'essayer, la tenue d'un journal peut être une activité réconfortante et thérapeutique qui peut vous aider à trouver la paix de l'esprit.

Aimer et s'aimer

Vous sentez-vous dépassé par les exigences de la vie quotidienne ? Mettez-vous souvent de côté vos propres besoins et désirs pour répondre aux attentes des autres ? Il est temps de donner la priorité à votre propre bien-être et de pratiquer l'amour et l'acceptation de soi.

L'amour et l'acceptation de soi sont essentiels à notre santé mentale, physique et émotionnelle. En apprenant à nous apprécier et à faire preuve de bienveillance à notre égard, nous pouvons réduire le stress, l'anxiété et la dépression, augmenter notre estime de soi et trouver la paix intérieure.

Voyons comment cultiver une relation d'amour et d'acceptation avec nous-mêmes. Nous discuterons de stratégies pratiques pour développer une relation plus saine avec nous-mêmes, en apprenant à nous donner l'amour et l'attention dont nous avons besoin et que nous méritons. En appliquant ces conseils et ces idées, nous pouvons créer une vie pleine d'amour et d'acceptation de soi.

Mais tout d'abord, examinons rapidement la signification de l'amour de soi et de l'acceptation de soi.

L'amour de soi consiste à reconnaître et à apprécier ses propres qualités et sa propre valeur, tandis que l'acceptation de soi est la capacité à accepter ses forces et ses faiblesses.

L'amour et l'amour de soi est un concept puissant pour trouver la paix intérieure et surmonter les pensées négatives. Il nous encourage à pratiquer l'autocompassion et à renforcer notre estime de soi. En prenant le temps de nous apprécier et de nous soigner, nous pouvons apprendre à nous accepter et à vivre avec un plus grand sentiment de valeur personnelle. Avec l'amour et l'amour de soi, nous pouvons créer un état d'esprit positif qui nous permet de donner le meilleur de nous-mêmes et de vivre une vie pleine de joie, d'objectifs et d'épanouissement.

Acceptation de soi :

L'acceptation de soi est un processus psychologique et émotionnel important qui implique d'embrasser tous les aspects de sa personne - ses traits de personnalité, ses comportements, ses émotions et ses expériences passées. Il s'agit d'être bienveillant envers soi-même et de reconnaître ses forces et ses faiblesses sans porter de jugement. Grâce à l'acceptation de soi, vous pouvez apprendre à être à l'aise avec vous-même et à reconnaître que toutes les parties de votre personne ont de la valeur et de l'importance. Il s'agit de s'autoriser à ressentir toutes les émotions qui se présentent sans essayer de les changer, et d'avoir de la compassion pour soi-même. L'acceptation de soi ne signifie pas que vous devez aimer chaque partie de vous-même ; cela signifie simplement que vous acceptez ces parties de vous comme faisant partie d'un tout. En acceptant toutes vos qualités, vous pouvez travailler avec elles plutôt que contre elles.

La pratique de l'acceptation de soi peut également favoriser des relations plus authentiques. En nous acceptant pleinement, nous pouvons nous ouvrir aux autres de manière honnête et sincère, ce qui permet de nouer des liens plus profonds et des relations plus significatives. En fin de compte, l'acceptation de soi est un élément important de la santé émotionnelle, qui nous permet d'être nous-mêmes et de développer des liens significatifs avec les personnes qui nous entourent.

Pratique de l'auto-compassion :

La pratique de l'autocompassion est un moyen efficace de développer une attitude aimante et bienveillante à l'égard de soi-même. Il s'agit de se montrer le même niveau de compassion et de soutien que celui que vous apporteriez à un ami proche en difficulté. Pour ceux d'entre nous qui ont tendance à être durs avec eux-mêmes, autocritiques ou perfectionnistes, cette pratique peut être particulièrement bénéfique en nous aidant à nous accepter et à être plus gentils avec nous-mêmes.

L'autocompassion comporte trois éléments essentiels : la conscience de soi, l'acceptation de soi et la bienveillance envers soi. La conscience de soi consiste à être attentif à nos pensées et à nos émotions sans les juger. Nous pouvons nous concentrer sur nos sentiments sans nous laisser distraire par d'autres pensées ou distractions. L'acceptation de soi consiste à reconnaître notre humanité et à être indulgent avec nous-mêmes lorsque nous commettons des erreurs ou que nous sommes déçus. Enfin, la bienveillance à l'égard de soi consiste à se traiter avec compassion et compréhension, comme nous le ferions avec un ami proche.

En intégrant ces trois éléments dans notre vie quotidienne, nous pouvons favoriser une relation plus attentive et plus compréhensive avec nous-mêmes, ce qui nous aidera à être plus satisfaits et en paix avec nous-mêmes.

Vous pouvez pratiquer l'autocompassion de différentes

manières, notamment par la méditation sur la compassion, l'écriture de la gratitude ou la visualisation positive. Elle peut également se manifester par de simples actes de gentillesse envers vous-même dans les moments difficiles, par exemple lorsque vous commettez une erreur ou que vous êtes confronté à un obstacle.

Prendre soin de soi :

Prendre soin de soi n'est pas seulement une partie importante du respect et de l'amour que l'on se porte, c'est essentiel.

Qu'il s'agisse de prendre une douche chaude pour se détendre après une longue journée, de faire de l'exercice régulièrement pour garder son corps en bonne santé ou de manger des aliments nutritifs pour nourrir son corps, il est important de prendre du temps pour soi et de se montrer l'amour et l'attention que l'on mérite. Quelle que soit l'activité que vous choisissez, prendre soin de vous est une partie nécessaire de l'amour de soi et des soins personnels.

Développement d'une estime de soi positive :

Apprendre à vous apprécier pour ce que vous êtes, vos talents, vos réalisations et vos qualités uniques peut constituer une étape importante dans le renforcement de votre estime de soi. Identifiez vos forces et vos faiblesses et utilisez-les à votre avantage en travaillant sur vos faiblesses de manière constructive et positive. Cette démarche peut vous aider à prendre confiance en vous et à vous sentir plus sûr de vous, ce qui vous permettra de mener une vie plus heureuse et plus fructueuse.

Parfois, la vie est tellement bruyante et stimulante qu'elle peut nuire à notre santé mentale et à notre bien-être. Avec un barrage constant de médias sociaux, d'e-mails, d'appels téléphoniques, de rendez-vous, de réunions et de tâches quotidiennes, la situation peut devenir accablante et conduire à une accumulation de stress et de fatigue mentale. C'est pourquoi il est essentiel de faire une pause et de se retirer pour trouver un moment de paix intérieure et de tranquillité.

La retraite nous permet de réduire le stress et l'anxiété, de favoriser le calme et la clarté mentale et de nous reconnecter avec nous-mêmes. Qu'il s'agisse d'une courte pause ou d'une période de retraite plus longue, c'est une pratique essentielle pour préserver notre santé mentale et notre bien-être.

Alors, comment se retirer pour trouver un moment de tranquillité dans notre vie quotidienne trépidante ? Essayez ces conseils :

La randonnée : Marcher dans la nature est un excellent moyen de rompre avec le rythme effréné de la vie quotidienne. La randonnée contribue non seulement à réduire le stress et l'anxiété, mais elle vous permet également d'apprécier la tranquillité et la beauté de la nature. Profitez de l'air frais et de tout ce que la nature a à offrir en faisant une randonnée et faites l'expérience de la paix et de la sérénité que seule la nature peut offrir.

Les bains de forêt : Le bain de forêt, également connu sous le nom de Shinrin-yoku, est une ancienne pratique japonaise qui consiste à marcher intentionnellement dans la nature afin de profiter de ses bienfaits apaisants. Des études ont montré que le bain de forêt peut réduire le taux de cortisol (l'hormone du stress) et améliorer le bien-être émotionnel. En outre, il a été associé à une amélioration de la concentration, à une augmentation des niveaux d'énergie et à un meilleur sommeil. Si vous cherchez un moyen de réduire le stress et de retrouver le moral, pourquoi ne pas essayer le bain de forêt ?

Les retraites : Les retraites sont l'occasion idéale de faire une pause dans la vie quotidienne et de se concentrer sur son propre développement personnel. En participant à une retraite, vous pouvez vous immerger dans des activités telles que la méditation, le yoga, la pleine conscience et bien d'autres encore, afin de réduire le stress et les pensées excessives. C'est un excellent moyen de trouver la paix intérieure et de rajeunir votre corps et votre esprit. Rejoignez-nous pour une retraite et reprenez le contrôle de votre vie !

Trouver des moyens de gérer le stress

Si de brèves poussées de stress peuvent être utiles pour nous motiver à agir ou à résoudre des problèmes, des niveaux de stress constamment élevés peuvent être préjudiciables à notre santé mentale et physique. Le stress peut être à l'origine d'anxiété, de dépression, de troubles du sommeil, de maux de tête, de problèmes digestifs et de tensions musculaires et, s'il n'est pas géré, il peut avoir un impact significatif sur notre bien-être général.

C'est pourquoi il est important de trouver des moyens de

gérer notre stress, afin d'éviter les effets négatifs qu'il peut avoir sur notre santé. Nous allons voir ici différentes méthodes de gestion du stress, telles que la relaxation, l'exercice, la méditation, la respiration et d'autres techniques pour aider à le réduire dans notre vie quotidienne. En adoptant les bonnes stratégies, nous pouvons maîtriser notre stress et nous sentir heureux et en bonne santé.

La relaxation est l'une des méthodes les plus populaires pour gérer le stress. Cela peut inclure des techniques telles que la respiration profonde, la relaxation musculaire progressive et la visualisation. La respiration profonde est une technique simple qui peut être pratiquée n'importe où. Il suffit de prendre une grande inspiration, de retenir notre souffle pendant quelques secondes, puis de souffler lentement. Cela peut aider à réduire la tension musculaire et à calmer notre esprit.

La relaxation musculaire progressive consiste à contracter et à détendre les muscles de différentes parties de notre corps. En faisant cela, nous pouvons sentir une sensation de détente dans tout notre corps. La visualisation implique de se concentrer sur une image mentale apaisante, comme un paysage paisible ou une plage, pour nous aider à nous détendre et à réduire notre stress.

L'exercice est une autre méthode efficace pour gérer le stress. Le fait de faire de l'exercice peut aider à réduire les niveaux de cortisol, l'hormone du stress, dans notre corps. L'exercice peut également aider à libérer des endorphines, des produits chimiques naturels qui procurent une sensation de bien-être et de bonheur. Il n'est pas nécessaire de faire des entraînements intenses pour réduire notre stress. Une marche rapide, une séance de yoga ou une séance d'aérobic légère peuvent être suffisantes.

La méditation est une autre méthode assez populaire. La méditation implique de se concentrer sur notre respiration et de calmer notre esprit en éliminant les pensées distrayantes. La méditation peut nous aider à réduire notre niveau de stress, à améliorer notre concentration et à nous sentir plus en paix.

La respiration est également un outil puissant pour gérer le stress. La respiration consciente implique de prendre le temps de se concentrer sur notre respiration et de respirer lentement et profondément. Cela peut aider à réduire la tension musculaire et à nous calmer.

Il existe également d'autres techniques pour aider à réduire le stress dans notre vie quotidienne, notamment la pratique du yoga, la musique apaisante, le rire, la connexion avec des amis et des proches, le temps passé dans la nature et l'écriture. Ces techniques peuvent nous aider à nous sentir plus détendus et à réduire notre niveau de stress.

Pour résumer le tout, il faut savoir qu'il existe de nombreuses façons de gérer le stress dans notre vie quotidienne. La relaxation, l'exercice, la méditation, la respiration et d'autres techniques peuvent nous aider à réduire notre niveau de stress, à améliorer notre santé mentale et à nous sentir mieux dans notre corps et dans notre esprit. Il est important de trouver les techniques qui fonctionnent le mieux pour nous et de les intégrer dans notre vie quotidienne pour réduire le stress et

Reconnaître les pensées négatives et les transformer

Lorsque nous sommes confrontés à des situations difficiles, il est facile de tomber dans une spirale de pensées négatives. Ces pensées peuvent non seulement affecter notre humeur, mais aussi notre santé mentale et physique. Il est important de reconnaître ces pensées négatives et de trouver des moyens de les transformer en pensées plus positives et constructives. Dans cette section, nous allons explorer comment reconnaître les pensées négatives et les transformer en pensées plus saines et positives. Nous aborderons également les avantages de cette pratique pour notre bien-être général et notre qualité de vie.

Les pensées négatives sont souvent le résultat de nos propres expériences de vie et de notre perception du monde qui nous entoure. Elles peuvent surgir dans notre esprit sans que nous nous en rendions compte et se propager rapidement, affectant notre humeur et notre bien-être général. Pour éviter d'être piégé dans une spirale de pensées négatives, il est important de reconnaître ces pensées dès leur apparition et de les transformer en pensées plus positives et constructives.

La première étape pour reconnaître les pensées négatives est de se sensibiliser à ses propres pensées. Cela signifie prendre le temps d'observer les pensées qui traversent votre esprit tout au long de la journée, et noter celles qui sont négatives. Prenez le temps de noter les pensées qui vous font ressentir des émotions négatives, telles que la colère, l'anxiété, la tristesse, la frustration ou la culpabilité. Vous pouvez écrire ces pensées dans un journal pour mieux les observer et les examiner.

Une fois que vous avez identifié vos pensées négatives, la prochaine étape consiste à les transformer en pensées positives et constructives. Pour cela, vous pouvez utiliser des techniques de restructuration cognitive, qui impliquent de changer la façon dont vous percevez une situation ou un événement. Par exemple, au lieu de penser «je ne suis pas capable de faire cela», vous pouvez essayer de penser «je peux le faire avec un peu de pratique». En réfléchissant à la situation de manière plus positive, vous pouvez vous motiver à agir et à atteindre vos objectifs.

Une autre technique pour transformer les pensées négatives est de pratiquer la gratitude. Prenez le temps chaque jour de penser à trois choses pour lesquelles vous êtes reconnaissant. Cela peut vous aider à reprogrammer votre esprit pour se concentrer sur les aspects positifs de votre vie plutôt que sur les aspects négatifs.

La méditation et la pleine conscience sont également des outils utiles pour transformer les pensées négatives. Ces pratiques vous aident à vous concentrer sur le moment présent, à calmer votre esprit et à vous connecter avec vos émotions. En étant plus conscient de vos pensées et de vos sentiments, vous pouvez mieux les gérer et les transformer en pensées positives.

Enfin, il est important de se rappeler que transformer les pensées négatives en pensées positives est un processus qui prend du temps et de la pratique. Soyez patient et indulgent envers vous-même, et n'hésitez pas à demander de l'aide à un professionnel de la santé mentale si vous avez du mal à gérer vos pensées négatives.

En utilisant ces techniques, telles que la restructuration cognitive, la gratitude, la méditation et la pleine conscience, vous pouvez transformer vos pensées négatives en pensées plus positives et productives, améliorant ainsi votre qualité de vie.

Chapitre 3- Développer la paix intérieure et les habitudes saines

La paix intérieure, tout le monde en rêve et chacun l'imagine à sa façon. Pour certains, elle correspondrait à la disparition de leurs ennuis et au silence de leurs tourments. Pour d'autres, ce serait d'avoir des réponses à leur peur de l'avenir et surtout à celle de la mort. Il y a aussi ceux qui cherchent la paix intérieure en explorant les mécanismes inconscients ou subconscients de l'âme humaine. Il y a ceux qui philosophent, ceux qui cherchent la paix divine, sans parler de ceux qui courent après l'éveil, le satori ou le nirvana dans des régions lointaines. Enfin, il y a ceux qui recherchent la paix intérieure pour vivre plus harmonieusement avec eux-mêmes et les autres.

D'une manière ou d'une autre, et sans utiliser de produits stupéfiants, il vous est certainement arrivé de ressentir naturellement une étonnante sensation de paix. En contemplant un paysage d'une beauté bouleversante ou en écoutant une musique sublime, vous étiez comme transporté en dehors de vous-même. Lors d'une rêverie, d'une méditation ou en tombant subitement amoureux, vous aviez l'impression de baigner dans un océan de paix et de sérénité. Plus rien d'autre n'existait. Vous étiez inondé par un extraordinaire bien-être qui vous donnait l'impression de flotter hors du temps. Cherchez bien, vous trouverez obligatoirement la trace de tels événements. Malheureusement, vous avez pu constater que ces moments étaient très éphémères et qu'ils ne duraient pas.

Vous avez cherché à les retrouver ou à recréer les conditions favorables à leur apparition, mais cela n'a pas marché. Ne le regrettez pas car, grâce à la nostalgie de ces instants fugaces, vous allez pouvoir découvrir que la paix intérieure, la joie de vivre et le bonheur de vous sentir exister sont des choses très simples et tout à fait accessibles.

Dans ce chapitre, nous allons explorer différentes stratégies pour développer la paix intérieure et les habitudes saines. Nous allons discuter de la manière dont la pratique de la pleine conscience, la mise en place de routines saines et l'adoption d'un mode de vie équilibré peuvent aider à réduire l'anxiété, la dépression et le stress. Nous allons également examiner comment la gestion de ses pensées et de ses émotions peut conduire à une plus grande sérénité intérieure.

Que vous cherchiez à améliorer votre bien-être général ou à surmonter des défis spécifiques dans votre vie, les techniques présentées dans ce chapitre peuvent vous aider à développer la paix intérieure et les habitudes saines qui sont essentielles à votre épanouissement personnel et à votre bonheur.

Développer une attitude positive :

Face à un quotidien professionnel pas toujours facile, comment faire pour adopter une attitude positive et trouver en soi des sources de satisfaction ? "Être positif, cela s'apprend, c'est un sport quotidien". Nous pouvons en effet choisir de créer du positif sans attendre qu'il vienne de l'extérieur (des situations ou des autres). Finalement, ce ne sont pas seulement les événements eux-mêmes qui comptent, mais la manière dont nous les vivons et dont nous les évaluons. Notre manière de penser, nos croyances influencent nos comportements, nos actions et donc le résultat de nos actions.

Chacun de nous entretient un monologue intérieur continu qui se poursuit du lever jusqu'au coucher. Mais pour plusieurs, ce monologue est en grande partie pessimiste, ce qui risque d'entraîner des conséquences négatives sur leurs actions (p. ex. abandonner une tâche au lieu de persévérer, s'ancrer dans de vieilles habitudes au lieu d'essayer de sortir des sentiers battus). À l'inverse, un monologue interne positif est axé sur l'optimisme et sur les résultats positifs. Une personne ayant une attitude positive peut reconnaître les aspects négatifs d'une situation, mais elle demeure persuadée que les choses vont s'arranger.

L'attitude positive est une qualité qui peut faire la différence dans notre vie quotidienne. Elle peut nous aider à faire face aux difficultés avec optimisme, à maintenir notre motivation et à rester concentrés sur nos objectifs. Cette attitude peut également nous aider à établir des relations saines et positives avec les autres, ainsi qu'à cultiver une image de soi positive.

Nous allons discuter de la manière dont la pratique de la gratitude, l'adoption d'une perspective optimiste et la mise en place de routines positives peuvent aider à changer notre manière de penser et de voir le monde qui nous entoure. Nous allons également examiner comment la gestion de nos pensées et de nos émotions peut nous aider à cultiver une attitude positive.

Que vous cherchiez à améliorer votre bien-être général ou à surmonter des défis spécifiques dans votre vie, les techniques présentées dans ce chapitre peuvent vous aider à développer une attitude positive qui est essentielle pour votre épanouissement personnel et votre succès dans la vie.

Identifier les "saboteurs" mentaux

Une grande partie de nos difficultés, d'après Shirzad Chamine, auteure de l'ouvrage "L'Intelligence positive" vient de nos "saboteurs mentaux" qui nous envoient en permanence, sans que nous nous en rendions compte, des messages négatifs : "Je suis nul", "je n'y arriverai jamais", "c'est toujours sur moi que ça tombe", "je dois être parfait", "si je loupe ce contrat, je n'ai pas ma place dans l'entreprise"...

Les saboteurs mentaux peuvent être insidieux, limitant souvent notre potentiel sans même que nous nous en rendions compte. Ils peuvent prendre la forme de pensées critiques, d'auto-sabotage, de procrastination ou d'autres comportements qui nous empêchent d'atteindre nos objectifs.

Pour identifier et gérer nos saboteurs mentaux, il est important d'observer objectivement nos pensées et nos émotions. Nous pouvons prendre conscience des pensées récurrentes qui nous limitent, nous font douter de nous-mêmes ou nous empêchent de prendre des risques. Ces pensées peuvent être conscientes ou inconscientes, mais elles ont tendance à se répéter et à provoquer de l'anxiété ou du stress.

En reconnaissant nos saboteurs mentaux et en prenant des mesures pour y remédier, nous pouvons nous rapprocher de notre plein potentiel. Prendre le temps d'observer et d'identifier ces schémas peut conduire à des perspectives plus positives et à une plus grande confiance en soi, ce qui nous permet d'atteindre nos objectifs.

Il est essentiel de rester concentré sur nos objectifs et nos valeurs, et de nous rappeler pourquoi il est important pour nous d'atteindre ces objectifs. Avoir une vision claire de notre objectif final et des raisons pour lesquelles il est important pour nous peut nous aider à mieux résister aux saboteurs mentaux qui nous empêcheraient de progresser.

Pour maximiser nos chances de réussite, il peut être bénéfique de travailler avec un coach ou un thérapeute afin de développer des stratégies efficaces pour surmonter les schémas de pensée négatifs et développer une attitude plus proactive. Grâce à leurs conseils, nous pouvons apprendre à identifier nos saboteurs mentaux et à développer des stratégies pour les combattre efficacement.

Chacun a ses "saboteurs". Quels sont les vôtres, les petites phrases qui tournent en boucle dans votre tête? Quand vous les aurez reconnus, nommez-les et prenez-les pour ce qu'ils sont : des ennemis qu'il ne faut pas écouter car ils vous conduisent à agir contre votre intérêt.

Se fixer l'horizon de la journée
La journée doit être "l'horizon du bien-être". Regarder au-delà, c'est se projeter sans pouvoir avoir de prise sur le

futur. Tandis qu'une journée est un laps de temps réaliste, à notre mesure. Se situer dans la journée, c'est vivre le moment présent. "En arrivant le matin, visualisez les moments positifs de la journée car il y en aura forcément". Il s'agit d'adopter, dès le début de la journée, un état d'esprit d'accueil et d'ouverture, au lieu d'arriver plombé avant que rien n'ait commencé.

Fixer l'horizon de la journée est une technique efficace de planification et de gestion du temps qui peut vous aider à rester concentré, organisé et productif tout au long de la journée. En prenant quelques minutes chaque matin pour planifier vos tâches et vos objectifs, vous pouvez vous assurer que vous travaillez à la réalisation de vos buts et objectifs les plus importants. Il est également important de hiérarchiser ces tâches en fonction de leur importance et de leur urgence, afin de vous concentrer d'abord sur les tâches les plus urgentes. En fixant l'horizon de votre journée, vous pouvez vous assurer que vous en tirez le meilleur parti.

Une fois que vous avez dressé votre liste de tâches pour la journée, il est temps de fixer une limite de temps réaliste pour chaque tâche. Ce faisant, vous vous engagez à accomplir chaque tâche dans ce délai, ce qui vous aidera à rester concentré et motivé tout au long de la journée. L'établissement d'un calendrier est également un excellent moyen d'évaluer vos progrès et d'ajuster vos objectifs si nécessaire. Vous pouvez ajuster vos objectifs pour mieux gérer votre temps et augmenter votre productivité, tout en réduisant le stress et l'anxiété associés à la procrastination.

Il est important de se rappeler que l'établissement d'un calendrier ne doit pas être une source de stress supplémentaire. Restez flexible et soyez prêt à ajuster vos plans pour faire face à des situations inattendues ou changeantes. Vous serez ainsi en mesure de rester sur la bonne voie et de mener à bien vos tâches de la journée.

Prendre soin de soi

"Pour se remplir d'énergie positive, il faut commencer par se faire plaisir". Comment y parvenir, dans un univers de contraintes où notre marge de manœuvre est étroite ? Chacun aura sa réponse : déjeuner avec un collègue, se ménager un moment de respiration dans la nature, travailler sur un dossier non urgent mais qui m'intéresse... "Prendre soin de ses besoins fondamentaux est incontournable si l'on veut se sentir bien".

Pour faire le plein d'énergie positive, il est important de prendre le temps de se faire plaisir. Mais comment y parvenir alors que notre vie est si souvent remplie de contraintes et de responsabilités ? Chacun a sa propre façon de trouver des moments de joie, que ce soit en déjeunant avec un ami, en prenant quelques bouffées d'air frais dans la nature ou en consacrant une heure à un projet qui vous passionne. Pour se sentir bien, il est également essentiel de veiller à satisfaire ses besoins fondamentaux. Des repas équilibrés, un sommeil réparateur et des moments de détente tout au long de la journée sont autant d'éléments clés pour rester énergique et positif.

Voici quelques moyens simples de prendre soin de vous et de votre bien-être :

Prenez soin de votre corps : Manger des aliments nutritifs, s'hydrater, faire de l'exercice régulièrement et dormir suffisamment sont des éléments importants pour votre santé physique et mentale.

Prenez soin de votre esprit : Essayez d'intégrer des techniques de relaxation telles que la méditation, le yoga, la respiration profonde ou la pleine conscience dans votre routine quotidienne. Cela peut contribuer à réduire le stress, à améliorer la concentration et à accroître votre clarté mentale.

Prenez du temps pour vous : Trouvez des activités et des passe-temps qui vous plaisent et consacrez-y du temps. Prendre le temps de faire quelque chose que vous aimez peut vous aider à réduire le stress, à améliorer votre satisfaction dans la vie et à promouvoir votre bien-être général.

Établir des liens avec les autres : Établir des relations sociales positives est essentiel pour notre santé mentale et émotionnelle. Prendre le temps de rester en contact avec la famille et les amis peut contribuer à soulager le stress et à favoriser les sentiments de joie.

Fixez des limites : Il peut s'agir de gérer son temps, de répartir les tâches ou d'apprendre à décliner quand c'est nécessaire. Savoir quand faire une pause est un élément important pour prendre soin de soi.

S'imprégner des moments agréables

Savez-vous vous arrêter sur les moments positifs de votre journée ? Quelques secondes pour "conscientiser" ce que vous venez de réussir ou de vivre, tout simplement, et vous en imprégner. Quels sentiments positifs ressentez-vous ? Quelles sont les qualités qui vous ont permis de réussir dans cette situation ? Il est fondamental de porter un regard bienveillant sur soi et d'oser valoriser nos qualités, ce qui n'est pas une gymnastique courante. Comment porter un regard positif sur la vie si l'on se voit toujours en négatif ?

S'imprégner des moments agréables est une pratique de pleine conscience qui consiste à prendre le temps d'être pleinement présent et conscient de ses sensations corporelles, de ses émotions et de son environnement. Grâce à cette pratique, vous pouvez apprendre à apprécier les moments de joie et de bonheur de la vie, à vous en souvenir et à les savourer pleinement.

En étant attentif aux moments agréables de la vie, nous pouvons prendre le temps de nous immerger pleinement dans le moment présent au lieu de nous laisser distraire par nos pensées ou nos préoccupations. Nous pouvons nous efforcer de prêter attention à la beauté de ces moments et nous permettre de les apprécier pleinement.

Cette pratique nous permet d'acquérir un sens plus profond de l'appréciation et de la gratitude pour les petites joies de la vie. S'imprégner des moments agréables peut nous aider à rester attentifs au présent et à être plus connectés à nous-mêmes et à notre environnement.

C'est un art de la pleine conscience, qui exige d'être pleinement présent et conscient de ses sensations, de ses émotions et de son environnement afin de les apprécier à leur juste valeur.

Pour vous exercer, commencez par être présent. Laissez-vous immerger dans l'expérience et prenez le temps de la savourer. Il s'agit d'être attentif au moment présent et de lui accorder toute son attention.

Ensuite, soyez conscient de vos sensations. Prenez le temps de remarquer les sensations physiques que votre corps ressent, comme la chaleur, la fraîcheur ou le confort. Prenez également conscience des émotions qui accompagnent l'expérience et de leur évolution dans le temps. En prenant conscience de vos sensations, vous approfondirez votre présence et votre appréciation du moment présent.

Les troisièmes et quatrièmes étapes pour apprécier les moments agréables de la vie consistent à utiliser vos sens et à prendre des images mentales. Remarquez les odeurs, les sons, les goûts et les couleurs qui vous entourent et prenez le temps de les absorber. Lorsque vous êtes pleinement conscient de votre environnement, vous pouvez mieux apprécier votre expérience et votre connexion avec le moment présent.

Pour renforcer le souvenir de l'expérience, prenez des images mentales de ce moment agréable et stockez-les dans votre mémoire. Vous pourrez ainsi revivre ce moment plus tard et accroître votre sentiment de bonheur et de satisfaction dans la vie.

En vous entraînant à vous imprégner des moments agréables en utilisant vos sens et en prenant des images mentales, vous pouvez accroître votre capacité à être pleinement présent et à apprécier les moments agréables de la vie. Cette pratique peut également contribuer à réduire le stress et à accroître votre sentiment de bonheur et de satisfaction dans la vie.

S'imprégner des bons moments est une pratique inestimable. N'ayez pas peur de prendre le temps de savourer et d'apprécier les moments agréables de la vie.

En suivant ces étapes, vous pouvez améliorer votre capacité à être présent et à apprécier les moments agréables de la vie. Cette pratique peut également contribuer à réduire le stress et à accroître votre bien-être général. N'oubliez donc pas de prendre le temps d'emmagasiner et de savourer ces souvenirs heureux !

Regarder le chemin et pas seulement l'objectif

Toutes les situations où l'on se focalise sur un objectif qui n'est pas encore atteint sont facteur de stress : prise de poste où l'on n'a pas encore fait ses preuves, délégation à un collaborateur encore inexpérimenté, etc. "Il est essentiel de regarder les progrès accomplis au jour le jour et non pas ce qui reste à améliorer. C'est en s'arrêtant sur les efforts déployés, les qualités mises à l'œuvre, et les progrès réalisés que l'on trouvera de l'énergie pour persévérer." Nous avons besoin d'être encouragés pour avancer.

En vous concentrant uniquement sur l'objectif final, vous risquez d'oublier d'apprécier les progrès que vous avez réalisés pour y parvenir. Cela peut entraîner un sentiment d'insatisfaction, même si vous avez atteint votre objectif. Un bon moyen de lutter contre cela est de se concentrer sur le voyage et les expériences, plutôt que sur la destination.

En examinant le chemin parcouru, vous pouvez mieux comprendre vos capacités et vos limites, tout en renforçant votre confiance en vous et votre motivation. Chaque étape franchie est un jalon et doit être célébrée comme une réussite en soi. C'est la clé pour développer un état d'esprit positif et atteindre ses objectifs avec plus de satisfaction.

Lorsque l'on examine le chemin de la réussite, il est important de se rappeler que chaque étape est importante et contribue à la réalisation de l'objectif final. Chaque étape doit être considérée comme un pas en avant, aussi petite ou insignifiante qu'elle puisse paraître.

La pratique de ce principe peut également contribuer à renforcer la résilience et l'adaptabilité. En acceptant les défis et les obstacles rencontrés en cours de route, on apprend à faire face à l'adversité et à s'adapter aux situations difficiles. Cela peut contribuer à maintenir la motivation et le progrès, même face à l'adversité.

Le fait de considérer le chemin de la réussite plutôt que l'objectif final peut conduire à une plus grande satisfaction et à un plus grand sentiment d'accomplissement. Cela peut également aider à développer une vision plus positive et à mieux apprécier les expériences positives rencontrées tout au long du parcours.

Porter un autre regard sur un échec

"Face à une difficulté ou un échec, imaginez plusieurs scénarios où votre problème conduirait, à court ou moyen terme, à des effets positifs". Cette façon d'envisager les choses n'est pas naturelle, mais c'est une manière de sortir de la passivité et de reprendre les rênes de notre vie. "Nous ne pouvons pas contrôler ni choisir la plupart des événements qui nous arrivent, mais nous pouvons déterminer l'impact que ces événements ont sur nous en choisissant comment y répondre". Face à un échec, l'attitude positive consiste aussi à analyser ce qui n'a pas fonctionné pour rectifier le tir dans une prochaine occasion.

L'échec peut être difficile à accepter, mais il peut aussi être l'occasion de grandir et d'apprendre. Pour avoir une nouvelle perspective sur l'échec, il est important de le considérer comme une opportunité d'apprentissage. Commencez par accepter l'échec comme faisant partie du processus d'apprentissage. Prenez ensuite le temps de réfléchir à ce qui a conduit à l'échec et à la manière dont vous pouvez l'utiliser pour vous améliorer à l'avenir.

Lorsqu'il s'agit de parler de l'échec, essayez de vous concentrer sur les aspects positifs. Au lieu de vous attarder sur les aspects négatifs, demandez-vous ce que vous avez appris de cette expérience, comment vous pouvez l'utiliser pour vous améliorer à l'avenir et ce qui a bien fonctionné malgré l'échec.

En jetant un regard neuf sur l'échec et en identifiant les leçons qu'il peut vous apporter, vous pouvez le considérer comme une opportunité de croissance et d'apprentissage. Ce changement de perspective peut vous aider à devenir une personne meilleure et plus résiliente.

Enfin, il est important de reconnaître que l'échec ne doit pas être considéré comme une indication de notre valeur personnelle. Dans notre société, il est facile de tomber dans le piège de croire que notre valeur est déterminée par nos succès. Mais ce n'est tout simplement pas vrai ; chacun a sa propre valeur intrinsèque en tant que personne, indépendamment de ses succès ou de ses échecs.

Le bilan de la fin de journée

À la fin de la journée, il est utile de prendre quelques instants pour passer en revue les événements et les réalisations de la journée. Cette réflexion peut aider à se concentrer sur des objectifs à long terme et à garantir que chaque journée est fructueuse.

Lors d'un bilan de fin de journée, il est utile de prendre quelques minutes pour noter ce qui a été accompli au cours de la journée. Il peut s'agir de tâches accomplies, de projets terminés, d'objectifs atteints et même de moments de loisir ou de joie.

Donc le soir, faites un bilan de la journée écoulée : regardez tout ce qui vous a donné satisfaction, les éléments positifs de votre journée, mais aussi les difficultés rencontrées et comment vous avez réussi à les traverser. Vous ne trouvez aucun motif de vous réjouir au terme de cette journée qui n'a été qu'une suite de déconvenues ? "Dites-vous alors que vous êtes une personne bien courageuse d'avoir traversé cela". C'est aussi une manière de se considérer positivement !

Il est également essentiel de réfléchir aux leçons tirées de l'expérience. Il peut s'agir d'erreurs commises ou de difficultés rencontrées au cours de la journée, et de la manière dont elles peuvent être utilisées pour s'améliorer à l'avenir. Prendre le temps de réfléchir à ces aspects peut aider à éviter de commettre les mêmes erreurs à l'avenir et garantir que chaque jour est productif.

Notez ce qui doit être fait pour la journée à venir et prenez quelques instants pour apprécier les moments positifs de la journée. Il peut s'agir de tâches à accomplir, de projets à terminer ou d'objectifs à atteindre. Le fait de garder une trace de ce qui doit être fait peut aider à se sentir mieux organisé et prêt pour le lendemain. En outre, le fait de réfléchir aux moments de joie de la journée, que ce soit en termes de plaisir, de remerciement ou de bonheur, peut contribuer à renforcer le bien-être émotionnel et à favoriser une vision plus optimiste de la vie. Dans l'ensemble, le bilan de fin de journée est un processus crucial qui permet de se concentrer sur les objectifs à long terme et de s'assurer que chaque journée est productive. En consacrant quelques minutes à réfléchir à ce qui a été accompli, à ce qui a été appris et à ce qu'il reste à faire le lendemain, on peut éprouver un meilleur sentiment d'organisation et de préparation pour le jour suivant.

Apprendre à se pardonner :

Demander le pardon peut être une tâche difficile, mais il peut être encore plus difficile de se l'accorder à soi-même. Pourquoi avons-nous tant de mal à reconnaître nos propres défauts ?

Reconnaître nos erreurs et apprendre à nous pardonner sont essentiels pour notre développement et notre santé mentale.

Prenez la responsabilité de vos actions :

Assumer la responsabilité de nos actes est essentiel pour notre développement personnel. Cela implique d'être conscient que les choix que nous faisons ont des ramifications et que nous devons en accepter la responsabilité. Habituellement, nous sommes susceptibles d'accuser d'autres personnes pour nos problèmes ou pour les difficultés que nous rencontrons dans la vie. Nous pouvons également être enclins à chercher des justifications à nos propres comportements ou décisions. Néanmoins, cela ne nous aide pas à résoudre les problèmes ou à atteindre nos objectifs.

Accepter la responsabilité de nos actes implique d'être sincère avec nous-mêmes et d'admettre nos erreurs et nos lacunes. Cela implique également d'être prêt à affronter les effets de nos choix, qu'ils soient bons ou mauvais.

Soyez gentil avec vous-même :

Soyez compréhensif et compatissant avec vous-même. Au lieu de vous autocritiquer et de ressasser vos erreurs, essayez d'être gentil et de faire preuve à votre égard de la même empathie que celle dont vous feriez preuve à l'égard d'un ami proche.

Trop souvent, nous sommes trop exigeants et sévères avec nous-mêmes, nous attendons d'atteindre des objectifs élevés et nous nous punissons lorsque nous n'y parvenons pas. Malheureusement, cela peut avoir des répercussions néfastes sur notre bien-être mental et physique. Il est bon d'être gentil avec soi-même en faisant preuve de compassion et en s'autorisant à reconnaître ses défauts et ses limites. Cela ne signifie pas que nous devrions devenir inactifs ou nous complaire dans la tristesse, mais plutôt que nous devrions apprendre à nous réconforter et à nous soutenir lorsque nous rencontrons des obstacles.

Essayez de comprendre vos motivations :

Qu'est-ce qui nous motive à prendre des décisions ou à faire des choix ? S'agit-il de nos valeurs, de nos croyances, de notre éducation ou de nos expériences passées ? Pouvons-nous faire remonter nos décisions à nos besoins et désirs les plus profonds ?

Pour tenter de comprendre notre comportement et nos réactions, il est important d'examiner les causes sous-jacentes qui motivent nos décisions. Par exemple, si nous pouvons identifier que notre tendance à agir de manière impulsive est liée à un sentiment de menace ou d'anxiété, nous pouvons alors nous efforcer de gérer ces émotions et de réagir de manière plus saine.

Prenez des mesures pour réparer les torts :

Il s'agit de reconnaître et d'accepter la responsabilité de nos actes lorsque nous avons causé du tort à autrui. S'excuser sincèrement et sans excuse auprès des personnes concernées est une étape cruciale pour restaurer la confiance et améliorer les relations, afin que nous puissions aller de l'avant dans la paix. Pour rectifier le mal que nous avons fait, il est essentiel de prendre des mesures concrètes pour réparer les dommages. Il peut s'agir de rembourser de l'argent, de réparer des biens matériels ou de fournir à la personne concernée quelque chose pour améliorer la situation.

Pour se pardonner à soi-même, vous devez oublier les griefs du passé et de ne pas s'attarder sur les erreurs commises par le passé. Plutôt que de s'en vouloir et de s'accrocher à ses erreurs, il faut se concentrer sur le présent et regarder vers l'avenir.

Lâcher prise ne signifie pas abandonner, mais plutôt comprendre ce qui échappe à votre contrôle et l'accepter. Cela signifie qu'il faut abandonner les émotions et les pensées négatives, ainsi que la pression de vouloir tout contrôler dans votre vie.

La méditation de pleine conscience comme vu précédemment, est un moyen simple et pratique pour le lâcher-prise. Grâce à la pleine conscience, vous pouvez prendre conscience de vos pensées et de vos sentiments sans les juger ni vous y attacher. Les activités de relaxation telles que le yoga, la respiration profonde et les exercices de relaxation musculaire peuvent également vous aider à vous détendre mentalement et physiquement.

Soyez attentif au présent et respirez profondément. Permettez-vous de trouver un sentiment d'équilibre et de paix dans n'importe quelle situation, aussi chaotique ou incertaine soit-elle. Rappelez-vous que les progrès prennent du temps et qu'avec de la patience, vous pouvez encore faire des avancées significatives. Ne vous laissez pas décourager par les retards ou les échecs - utilisez-les plutôt comme des occasions de réévaluer et d'ajuster votre approche. La patience est essentielle pour apprécier le processus et comprendre que les meilleurs résultats sont obtenus grâce à la persévérance et au travail acharné.

Rappelez-vous que le pardon est un acte de bonté envers soi-même qui peut vous aider à vous libérer du fardeau de la culpabilité et du ressentiment. En vous pardonnant, vous pouvez vous débarrasser des émotions douloureuses qui vous enferment dans le passé et vous ouvrir à un avenir plus radieux. Prenez le temps de vous montrer la compassion et la compréhension que vous méritez. Cela vous aidera à aller de l'avant avec un sentiment renouvelé de paix et de clarté.

Se concentrer sur le présent :

Se concentrer sur le présent signifie être attentif à ce qui se passe maintenant, sans se laisser distraire par les pensées, les émotions ou les inquiétudes du passé ou de l'avenir. Bien que cela puisse paraître simple, cela peut s'avérer étonnamment difficile dans notre monde actuel, où nous sommes constamment bombardés par la technologie et les pressions de la vie quotidienne. En prenant le temps de nous concentrer sur le présent, nous pouvons apprécier plus profondément les moments de notre vie. Cette pleine conscience peut nous aider à être plus attentifs à notre environnement, à nos relations, ainsi qu'à nos pensées et sentiments intérieurs. Nous pouvons également mieux comprendre nos propres motivations et émotions, ce qui nous permet d'être plus présents dans nos relations et dans la vie en général.

Voici quelques conseils pour vous aider à vous concentrer sur le présent :

Pratiquez la pleine conscience : La méthode pour la pratiquer est détaillée dans la partie "Comment arrêter de penser", mais sachez que la pleine conscience peut être un outil précieux pour réduire le stress et l'anxiété. Elle nous aide non seulement à prendre du recul par rapport à nos pensées et à nos émotions, mais aussi à les observer sans les juger et sans les laisser nous submerger. Cela peut nous aider à réguler nos émotions et à gérer nos comportements impulsifs, ainsi que nos mauvaises habitudes.

Les bénéfices d'une pratique de la pleine conscience peuvent avoir des effets considérables. Elle peut non seulement améliorer notre santé mentale et physique, en réduisant les symptômes dépressifs et en améliorant la qualité du sommeil et l'estime de soi, mais aussi renforcer notre attention, notre concentration et notre créativité. En outre, elle peut favoriser des relations interpersonnelles plus positives en améliorant la communication et la compréhension.

Sur le plan physiologique, la pratique de la pleine conscience peut également avoir un impact positif sur notre vie. Elle est connue pour réduire la tension artérielle, renforcer le système immunitaire et réguler la digestion. La pleine conscience peut être un outil puissant pour réduire le stress et l'anxiété et améliorer notre bien-être général.

Arrêtez de vous inquiéter pour l'avenir : L'anxiété et le stress liés à l'avenir sont des sentiments courants, mais il est important de se rappeler qu'il faut vivre le moment présent et ne pas s'inquiéter de ce qui peut ou ne peut pas arriver. Trop se concentrer sur l'avenir peut conduire à une paralysie analytique, où nous sommes submergés par les options et les choix qui s'offrent à nous et avons du mal à prendre des décisions.

Pour réduire le stress et l'anxiété, il est préférable de se concentrer sur le présent et de faire de petits pas pour atteindre les objectifs que nous nous sommes fixés. Cela nous aidera à garder les pieds sur terre, tout en nous préparant à l'avenir. En prenant les choses au jour le jour et en prenant de petites décisions qui sont bénéfiques pour nos objectifs à long terme, nous resterons concentrés et nous réduirons l'incertitude que nous ressentons face à l'avenir.

Il est essentiel de se rappeler que la vie apporte des changements et des événements inattendus, et que ceux-ci peuvent être une source positive de croissance et de développement. En acceptant l'incertitude de l'avenir, vous pouvez mieux vous concentrer sur les choses importantes de la vie et savourer véritablement les moments présents. Se concentrer sur le présent peut contribuer à réduire le stress et l'anxiété liés à l'avenir, ce qui permet de prendre des décisions plus sages et de mieux profiter de la vie. Tirez le meilleur parti du présent et vous en verrez bientôt les fruits.

Il est essentiel de se rappeler que la vie apporte des changements et des événements inattendus, et que ceux-ci peuvent être une source positive de croissance et de développement. En acceptant l'incertitude de l'avenir, vous pouvez mieux vous concentrer sur les choses importantes de la vie et savourer véritablement les moments présents.

Acceptez votre passé : Accepter son passé est une étape essentielle pour mener une vie saine et épanouissante. Il s'agit de reconnaître les expériences et les événements passés - même les erreurs et les échecs - et d'admettre qu'ils ont contribué à façonner ce que nous sommes aujourd'hui. En abandonnant la douleur et le traumatisme associés au passé, nous pouvons commencer à avancer dans la vie, libérés du fardeau de la culpabilité et des regrets.

L'acceptation ne signifie pas que nous devons approuver ou justifier ce qui s'est passé ; elle signifie simplement que nous sommes prêts à lâcher prise et à commencer à regarder vers l'avenir. Lorsque nous nous ouvrons aux leçons du passé, nous pouvons utiliser nos expériences pour favoriser notre croissance personnelle et notre conscience de soi, plutôt que de les laisser définir notre vie actuelle.

Prenez le temps de réfléchir à votre passé et acceptez les leçons qu'il vous a apprises. En l'acceptant, vous pourrez vous libérer du poids du passé et mener une vie plus saine et plus riche de sens.

Pratiquez la gratitude : En intégrant la gratitude dans votre vie, vous pouvez en tirer d'immenses bénéfices pour votre humeur et votre bien-être général. Non seulement cela vous aidera à apprécier les aspects positifs de votre vie, mais cela peut également vous aider à adopter une approche plus optimiste dans les situations difficiles. L'expression de la gratitude peut également avoir un impact positif sur vos relations, car elle contribue à renforcer les liens et les connexions entre vous et ceux qui vous entourent.

Mais les bienfaits de la gratitude vont encore plus loin, des recherches ayant montré qu'elle peut contribuer à réduire le stress, l'anxiété et la dépression. Avec une pratique régulière, vous pouvez apprendre à vous concentrer sur les aspects positifs d'une situation et à gérer plus efficacement tout sentiment de stress ou d'anxiété. En fin de compte, la gratitude peut être un outil inestimable pour mener une vie plus saine et plus heureuse.

La pratique de la gratitude n'a pas seulement des effets bénéfiques sur le plan émotionnel, elle peut aussi avoir des effets bénéfiques sur le plan physique. Des études montrent que les personnes qui pratiquent régulièrement la gratitude ont généralement un système immunitaire plus fort, des niveaux de stress plus bas et un risque réduit de maladies chroniques telles que les maladies cardiaques, le diabète et l'obésité. En pratiquant régulièrement la gratitude, vous pouvez vous offrir le cadeau d'une meilleure santé physique et d'un bien-être accru.

Éliminez les distractions : Pour être plus productif et plus efficace, il est important d'identifier et d'éliminer les distractions qui peuvent détourner votre attention des tâches importantes. Ces distractions peuvent prendre la forme de facteurs externes, tels que le bruit, les interruptions constantes ou les notifications du téléphone portable, ou de facteurs internes, tels que les pensées récurrentes.

Pour réduire les distractions externes, commencez par trouver un lieu de travail calme. Si ce n'est pas possible, essayez d'utiliser des bouchons d'oreille ou un casque anti-bruit pour réduire le bruit ambiant. En outre, vous pouvez mettre votre téléphone portable en mode silencieux ou le ranger dans un tiroir pour éviter les notifications constantes.

Pour éliminer efficacement les distractions internes, il est important de se recentrer et de se concentrer sur la tâche à accomplir. La pratique de la méditation ou de la respiration attentive peut aider à calmer l'esprit, ce qui permet de rester dans le moment présent et de se concentrer. Faire des pauses régulières pour se détendre et se ressourcer peut aider à garder l'esprit clair et à rester sur la bonne voie. Prendre le temps de s'occuper de soi peut vous aider à rester productif et à atteindre vos objectifs.

Profitez de chaque moment : Pour vraiment savourer chaque instant, il est essentiel de rester concentré sur le présent. C'est pourquoi il est important de se déconnecter des distractions telles que les médias sociaux, la télévision ou les téléphones portables, et de prendre le temps de se connecter avec les personnes qui nous entourent. N'oubliez pas non plus de pratiquer la gratitude. Reconnaissez et appréciez les petites choses de la vie. Un ciel ensoleillé, le sourire d'un étranger ou une tasse de café chaud le matin. Ce sont là quelques-unes des joies simples qui font que la vie vaut la peine d'être vécue.

Enfin, n'oubliez pas de pratiquer l'autocompassion. Accordez-vous le temps et l'espace nécessaires pour vous reposer, vous détendre et prendre soin de vous. Il peut s'agir d'activités telles que la méditation, le yoga ou simplement d'une pause pour lire un livre ou écouter de la musique. Pour profiter de chaque instant, il faut être bienveillant envers soi-même et prendre le temps d'apprécier les petites choses.

Il peut être difficile de se concentrer sur le présent, surtout si l'on a l'habitude de s'inquiéter de l'avenir ou de ressasser le passé. Heureusement, en pratiquant la pleine conscience, en éliminant les distractions et en appréciant les petits moments de la vie, vous pouvez vivre une vie plus significative et plus joyeuse dans le présent. En embrassant le moment présent, vous pouvez trouver plus de paix, de satisfaction et d'épanouissement dans la vie. Prenez le temps d'être attentif et d'apprécier le moment présent, et vous en récolterez bientôt les fruits.

Utiliser la visualisation :

La visualisation est une technique de relaxation puissante qui peut vous aider à arrêter de trop penser et à trouver la paix et la tranquillité. En vous concentrant sur un lieu ou une situation particulière, vous pouvez créer un environnement mental qui vous permet de vous détendre et de recentrer votre énergie. La visualisation peut également contribuer à réduire le stress et l'anxiété, tout en vous permettant de clarifier vos pensées et votre vision des choses. Grâce à la visualisation, vous pouvez découvrir une nouvelle perspective sur la vie et trouver le calme et la tranquillité.

La visualisation est un outil puissant pour aider les athlètes et les individus à atteindre leurs objectifs personnels et de performance. En visualisant le succès, les athlètes et les individus peuvent créer une image mentale de la réalisation de leurs objectifs et utiliser cette image comme motivation pour aller plus loin. La visualisation peut également aider les athlètes et les individus à décomposer des tâches et des activités complexes en éléments plus petits et réalisables, ce qui leur permet d'adopter une approche progressive pour atteindre leurs objectifs.

Voici comment utiliser la visualisation en quelques étapes simples. :

Trouvez un endroit calme et tranquille : Pour profiter pleinement des avantages de la visualisation, Il est essentiel de trouver un endroit calme et silencieux pour utiliser la visualisation de manière efficace et arrêter de trop penser. Il peut s'agir de n'importe quel endroit qui vous offre le confort et l'intimité nécessaires pour vous concentrer sans interruption. Qu'il s'agisse d'une pièce vide chez vous, d'un coin tranquille dans un parc ou même d'un endroit calme dans votre bureau, l'important est que vous puissiez vous détendre et vous concentrer sans aucune distraction. Pour favoriser la détente, vous pouvez mettre de la musique douce pour vous aider à vous détendre davantage. En trouvant un environnement paisible, vous serez en mesure d'utiliser la visualisation à son plein potentiel et d'arrêter de trop penser.

Fermez les yeux et détendez-vous : Fermez les yeux et respirez profondément. Permettez-vous de vous détendre doucement au fur et à mesure que vous inspirez et expirez. Sentez la tension dans votre corps se dissiper lentement et lâchez prise sur vos soucis et votre stress. À chaque expiration, imaginez que toute énergie négative s'éloigne de vous et est remplacée par la paix et le calme.

Visualisez un endroit paisible: Imaginez un endroit où vous vous sentez complètement à l'aise, où vous pouvez échapper aux problèmes du monde extérieur et simplement être. Qu'il s'agisse d'une plage de sable chaud, d'une forêt verdoyante, d'une prairie paisible ou de tout autre endroit qui vous apporte la paix et la tranquillité, laissez votre esprit dériver vers un lieu de réconfort, et de réconfort seulement. Un endroit où vous pouvez respirer profondément, vous détendre et profiter de l'instant présent.

Imaginez les détails : Fermez les yeux, respirez profondément et laissez-vous transporter dans votre lieu paisible. Imaginez les détails des images, des sons et des odeurs qui le rendent spécial, les couleurs, les odeurs, les sons, les sensations. Imaginez-vous vous promener dans cet endroit, en prenant le temps de tout observer.

Restez concentré sur l'endroit paisible : Une fois que vous avez trouvé un endroit calme et paisible, il est important de vous y concentrer. Fermez les yeux et laissez-vous immerger dans l'expérience de ce lieu. Imaginez toutes les sensations que vous ressentez - la paix, la sérénité, le calme. Veillez à ce que toute autre pensée ou préoccupation n'entre pas dans votre esprit, et concentrez plutôt votre attention sur cette atmosphère tranquille. Respirez lentement et profondément, et sentez l'effet apaisant de chaque respiration lorsqu'elle traverse votre corps. En restant concentré sur ce lieu paisible, vous pouvez contribuer à réduire votre niveau de stress et ressentir un véritable sentiment de détente.

Restez dans cet état de relaxation pendant quelques minutes : Restez dans cet état de détente pendant quelques minutes, pour permettre à votre esprit de se reposer et de se libérer de toutes les pensées qui le gênent. Si des pensées surgissent, observez-les sans les juger ni vous y attarder, laissez-les simplement partir sans leur accorder trop d'importance.

Concentrez-vous sur votre respiration, en sentant l'air frais et la vitalité envahir votre corps. Expirez ensuite doucement, en relâchant toute tension et en savourant la sensation de détente. Laissez-vous aller à cet état de paix aussi longtemps que nécessaire, permettant ainsi à votre corps et à votre esprit de trouver l'équilibre et la paix.

La visualisation peut être un outil incroyablement puissant pour réduire les pensées excessives, calmer l'esprit et apporter un sentiment de paix et de relaxation. En vous concentrant sur un endroit paisible et calme, vous pouvez créer un environnement tranquille qui vous aidera à réduire le stress, à détendre votre corps et à vous donner la clarté dont vous avez besoin pour prendre de meilleures décisions. Avec une pratique régulière, vous pouvez prendre le contrôle de vos pensées, de vos émotions et de votre niveau de stress, ce qui vous permettra de vivre une vie plus heureuse et plus équilibrée. La visualisation peut être un moyen puissant de reprendre les rênes et de trouver un équilibre dans votre vie.

Cultiver la gratitude

Cultiver la gratitude est une pratique puissante pour améliorer notre bien-être mental et émotionnel. Elle consiste à reconnaître et à apprécier les bonnes choses de notre vie, qu'elles soient grandes ou petites, et à exprimer notre gratitude à leur égard. Pratiquer la gratitude au quotidien peut nous aider à rester positifs et optimistes, en détournant notre attention du négatif pour la porter sur le positif.

La gratitude nous encourage à reconnaître et à apprécier les bonnes choses dans notre vie, ce qui nous permet d'éprouver plus de satisfaction et de joie. En exprimant notre gratitude et en nous concentrant sur les bonnes choses, nous pouvons passer d'un état d'esprit négatif à un état d'esprit positif. Notre vie peut devenir plus significative et plus satisfaisante lorsque nous cultivons un état d'esprit de gratitude et d'appréciation.

Il n'est pas forcément difficile d'intégrer la gratitude dans notre vie. Même les plus petites choses peuvent être l'occasion d'exprimer sa gratitude. Qu'il s'agisse d'un lit douillet ou d'une journée ensoleillée, nous pouvons prendre le temps de nous arrêter et d'apprécier ce qu'il y a de bon dans notre vie. C'est une pratique qui peut véritablement transformer notre vie, en nous rendant plus attentifs et plus connectés au monde qui nous entoure. Voici quelques étapes pour cultiver la gratitude :

Commencez par noter les petites choses : Commencez chaque journée en remarquant les petites choses dont vous êtes reconnaissant, comme une belle journée ensoleillée, le sourire d'une personne que vous avez rencontrée ou une tasse de thé chaude le matin. Prendre le temps d'apprécier les petites choses peut contribuer à rendre votre journée plus lumineuse et plus significative. Exprimer de la gratitude pour ce qu'il y a de bon dans votre vie peut avoir un impact puissant sur votre bien-être et le bonheur de ceux qui vous entourent.

Prenez le temps de remarquer les choses positives : Prenez le temps d'apprécier et de reconnaître les moments positifs de votre vie, même les plus petits. Prêtez attention à ces moments et savourez-les, en vous donnant le temps de vraiment les apprécier et d'en être reconnaissant. Célébrez chaque moment positif, en vous autorisant à ressentir la joie et la gratitude qu'il vous apporte.

Tenez un journal de gratitude : Tenir un journal de gratitude est un moyen simple mais efficace de se concentrer sur la positivité et d'accroître son bonheur général. Chaque jour, prenez quelques instants pour noter les choses dont vous êtes reconnaissant. Cette pratique peut vous aider à apprécier les petites choses de la vie et à réaliser à quel point il y a de quoi être reconnaissant.

Faites une liste de gratitude : Commencez à vous sentir plus reconnaissant pour tout ce que vous avez dans la vie en dressant une liste de gratitude ! Notez toutes les choses pour lesquelles vous êtes reconnaissant, quelle que soit leur taille ou leur importance. Gardez cette liste à portée de main et utilisez-la lorsque vous avez besoin de vous rappeler toutes les bonnes choses de votre vie. En réfléchissant aux choses pour lesquelles vous êtes reconnaissant, vous pouvez commencer à apprécier la beauté et la joie qui vous entourent.

Exprimez votre gratitude : Exprimer sa gratitude aux personnes qui vous entourent est un moyen important de renforcer les liens, de montrer sa reconnaissance et de se sentir plus positif et heureux. Faites-leur savoir que vous êtes reconnaissant de leur amitié, de leur soutien et de leur gentillesse. Un simple remerciement peut faire beaucoup pour que quelqu'un se sente apprécié et valorisé. Montrer de la gratitude peut faire toute la différence dans les relations et apporter plus de joie dans votre vie.

En cultivant la gratitude, vous pouvez ouvrir les yeux sur la beauté et l'abondance remarquables qui vous entourent et apprécier ce qu'il y a de bon dans votre vie. Le fait de vous concentrer sur les aspects positifs de votre vie et d'en être reconnaissant peut vous aider à éviter de trop penser aux problèmes ou aux inquiétudes, et vous apporter un plus grand sentiment de joie et de satisfaction. La pratique de la gratitude peut également vous aider à mieux apprécier les personnes et les choses qui donnent un sens et une satisfaction à votre vie.

Se connecter aux autres :

Le contact avec d'autres personnes peut être un moyen efficace de rompre le cycle des pensées excessives. Lorsque nous sommes seuls, nos pensées peuvent rapidement s'emballer, entraînant des sentiments d'anxiété et de stress. En revanche, lorsque nous sommes en compagnie d'autres personnes, nous pouvons nous sentir soutenus, écoutés et compris, ce qui peut nous aider à nous détendre et à retrouver notre bien-être. En engageant des conversations constructives et en faisant preuve d'ouverture et d'honnêteté avec les personnes qui nous entourent, nous pouvons créer un espace sûr pour nous exprimer et trouver du réconfort dans le soutien et la compréhension d'autrui.

Rencontrez de nouvelles personnes : Élargissez votre réseau et rejoignez un groupe ou une communauté qui correspond à vos intérêts et à vos valeurs ! En entrant en contact avec des personnes partageant les mêmes idées, vous pouvez vous faire de nouveaux amis, apprendre les uns des autres et découvrir des opportunités de croissance et de développement. Ne manquez pas cette occasion de rencontrer de nouvelles personnes et d'explorer de nouvelles idées.

Partagez vos sentiments : Si vous vous sentez accablé par l'anxiété ou le stress, adressez-vous à une personne de confiance. Cette personne peut vous aider à vous sentir compris et soutenu, et vous apporter un soulagement émotionnel. Parler à quelqu'un de ce que vous ressentez peut faire une énorme différence et vous aider à aller de l'avant de façon saine.

Sortez avec des amis : Organisez une sortie avec vos amis ou votre famille et préparez-vous à profiter d'un moment de détente et de plaisir bien mérité ! Faire une pause dans ses soucis et passer un bon moment avec ses proches peut apporter un répit bien nécessaire dans le quotidien. Qu'il s'agisse d'un pique-nique dans un parc, d'une soirée en ville ou d'une escapade d'un week-end, l'organisation d'une sortie avec vos proches peut vous remonter le moral et vous donner l'occasion de renforcer vos relations.

Pratiquez l'empathie : Mettez-vous à la place de quelqu'un d'autre. Tenez compte de son point de vue. Cherchez à comprendre ses croyances, ses valeurs et ses motivations. Cette démarche peut vous aider à établir un lien plus profond avec les autres et à mieux comprendre leur vie. En prenant le temps de vous mettre à la place de quelqu'un d'autre, vous pouvez établir des relations plus significatives avec les personnes qui vous entourent.

Faites du bénévolat : Redonnez à votre communauté en rejoignant une organisation ou une œuvre de bienfaisance et en passant du temps à aider les autres. Non seulement vous vous sentirez bien dans votre peau, mais vous aurez aussi un sentiment d'appartenance et d'utilité en vous associant à d'autres personnes qui partagent la même cause. De plus, vous aurez un impact et créerez un changement positif dans le monde. Alors, pourquoi ne pas faire la différence dès aujourd'hui ?

Le fait d'être en contact avec d'autres personnes peut apporter un soulagement bienvenu à la solitude et à l'anxiété, en réduisant la tendance à trop réfléchir et à s'inquiéter. Lorsque nous entretenons des liens significatifs avec des personnes qui nous sont chères, nous pouvons nous sentir moins seuls, moins anxieux et moins accablés. Le soutien social peut nous donner un sentiment d'appartenance, de compréhension et d'amour, ce qui peut à son tour réduire les pensées excessives et améliorer notre bien-être général. Alors, tendez la main et nouez des liens avec ceux qui vous entourent - cela pourrait faire toute la différence.

Trouver un sens à la vie :

Trouver un sens à sa vie peut être un parcours difficile et très personnalisé, mais c'est souvent une source de joie et de satisfaction pour de nombreuses personnes. Grâce à des activités significatives qui vous apportent un but et un épanouissement, vous pouvez cultiver un sentiment de satisfaction et de gratitude à l'égard de la vie que vous vivez. Qu'il s'agisse de poursuivre une passion, d'approfondir des relations ou d'explorer de nouveaux centres d'intérêt, il existe d'innombrables façons de trouver un but et de la joie dans le quotidien.

Déterminez vos valeurs : Prenez un moment pour réfléchir aux choses qui sont importantes pour vous dans la vie. Pensez à votre famille, à votre santé, à votre travail, à votre spiritualité et à vos loisirs. Ces valeurs peuvent révéler ce qui vous touche et vous motive vraiment. Veillez à les garder à l'esprit lorsque vous prenez des décisions et fixez des objectifs.

Établissez des objectifs : Se fixer des objectifs en accord avec vos valeurs peut vous aider à rester concentré sur ce qui compte le plus pour vous et à travailler à quelque chose de significatif. Lorsque vous vous fixez des objectifs qui correspondent à vos valeurs fondamentales, cela peut vous aider à rester motivé et à hiérarchiser vos efforts. En prenant le temps de réfléchir à vos valeurs et de vous assurer que vos objectifs sont en accord avec elles, vous serez en mesure de travailler sur des projets qui ont vraiment un sens pour vous.

Trouvez votre passion : Trouvez une activité qui vous passionne et faites-en une partie importante de votre vie. Qu'il s'agisse de pratiquer un sport, d'acquérir une nouvelle compétence, d'explorer le plein air ou d'adopter un nouveau passe-temps, le fait de vous engager dans des activités qui vous passionnent peut vous aider à vous sentir plus fort, plus énergique et plus motivé dans votre vie de tous les jours. Commencez donc à chercher l'activité ou le passe-temps qui vous tient à cœur et préparez-vous à plonger dans un monde de croissance personnelle et de découverte.

Pratiquez la gratitude : Pratiquez la gratitude pour les bonnes choses de votre vie et vous verrez votre vision de la vie changer. Reconnaître et apprécier tous les aspects positifs de votre vie peut vous aider à vous concentrer sur les joies de la vie plutôt que sur les aspects négatifs. Le fait de le faire régulièrement peut également vous donner un sentiment de paix en réfléchissant à tout ce qu'il y a de bon dans votre vie. Prenez chaque jour le temps de réfléchir aux choses merveilleuses de votre vie et remerciez-les.

Trouvez votre spiritualité : Si vous cherchez à approfondir votre lien spirituel, essayez de trouver une pratique qui vous permette de puiser dans quelque chose de plus grand que vous. Il peut s'agir de quelque chose d'aussi simple que la méditation, la prière, la tenue d'un journal ou même la pratique d'une activité spirituelle telle que le yoga ou le tai-chi. En consacrant du temps et des efforts à quelque chose qui vous permet d'aller au-delà du banal et de la banalité, vous pouvez trouver un sens et un but plus importants à votre vie.

Trouver un sens à votre vie peut vous redonner le sentiment d'avoir un but et de vous épanouir. Cela peut vous aider à rester motivé et heureux, tout en vous donnant la force et le courage de traverser les périodes difficiles. En comprenant clairement ce que vous attendez de la vie, vous pouvez vous fixer des objectifs, prendre des décisions et agir pour créer la vie que vous souhaitez. Une vie pleine de sens peut vous aider à tirer le meilleur parti des hauts et des bas de la vie et, en fin de compte, vous apporter un plus grand sentiment de satisfaction et de contentement.

Conclusion

La capacité de réfléchir et de penser est l'un des aspects les plus fascinants et les plus complexes de la nature humaine. Cependant, lorsqu'elle est mal dirigée, la pensée peut devenir un fardeau et entraîner des sentiments de stress, d'anxiété et de dépression. C'est pourquoi il est important d'apprendre à arrêter de trop penser, afin de retrouver un équilibre mental et émotionnel.

Dans ce livre, nous avons exploré diverses techniques pour arrêter de trop penser. Tout d'abord, nous avons abordé l'importance de vivre dans le moment présent en pratiquant la méditation et la pleine conscience. Ces pratiques peuvent aider à calmer l'esprit et à réduire l'anxiété en vous apprenant à vous concentrer sur le moment présent plutôt que de vous inquiéter pour le futur ou le passé.

Nous avons également examiné la technique de visualisation, qui consiste à imaginer des scènes positives pour aider à éloigner les pensées négatives et stressantes. La visualisation peut être un outil puissant pour se concentrer sur des pensées positives et vous aider à vous sentir plus calme et plus en paix.

La gratitude est une autre technique importante que nous avons explorée pour arrêter de trop penser. En pratiquant la gratitude, vous vous concentrez sur les aspects positifs de votre vie et apprenez à apprécier ce que vous avez plutôt que de vous concentrer sur ce qui vous manque. Cela peut vous aider à vous sentir plus satisfait et plus heureux dans votre vie.

Nous avons vu comment la communication avec les autres peut être utile pour arrêter de trop penser. Se connecter avec les autres peut aider à vous distraire de vos pensées et à vous sentir connecté à quelque chose de plus grand que vous-même. Cela peut également vous aider à avoir une perspective différente sur vos problèmes et à trouver des solutions.

Nous avons examiné l'importance de trouver un sens à la vie. En trouvant un but et une direction, vous pouvez vous sentir plus motivé et plus en paix avec votre vie. Cela peut également vous aider à surmonter les moments difficiles en vous donnant un objectif à poursuivre.

En travaillant à arrêter de trop penser, vous pouvez améliorer votre santé mentale et physique en réduisant les niveaux de stress et d'anxiété dans votre vie. Cela peut avoir des effets positifs sur votre sommeil, votre digestion et votre système immunitaire. En réduisant les niveaux de stress, vous pouvez également augmenter votre capacité à faire face aux défis de la vie et à prendre des décisions plus claires.

Il est important de souligner que chacune des techniques que nous avons examinées peut être utilisée seule ou combinée avec d'autres pour créer un plan de gestion du stress personnalisé. Chaque personne est différente, et ce qui fonctionne pour une personne peut ne pas fonctionner pour une autre. Il est donc important d'essayer différentes techniques et de trouver ce qui fonctionne le mieux pour vous.

Enfin, il est primordial de noter que la pratique régulière est essentielle pour maîtriser les techniques que nous avons examinées. La pratique vous permet de vous habituer aux techniques et de les intégrer dans votre vie quotidienne. Cela peut prendre du temps, mais avec de la patience et de la persévérance, vous pouvez apprendre à arrêter de trop penser et à vivre une vie plus heureuse et plus épanouissante.

En conclusion, apprendre à arrêter de trop penser est un voyage permanent qui peut vous aider à vous sentir plus connecté à vous-même, à trouver plus de joie dans la vie et, en fin de compte, à mener une vie plus épanouissante et plus significative. En utilisant les techniques présentées dans ce livre, vous pouvez apprendre à vous concentrer sur le moment présent, à visualiser des scénarios positifs, à pratiquer la gratitude, à établir des relations avec les autres et à trouver un sens et un but plus profonds à votre vie. Avec de l'engagement et de la persévérance, vous pouvez devenir maître de vos pensées et trouver une paix et un contentement durables.

Chers lecteurs,

Nous tenons tout d'abord à exprimer notre plus profonde gratitude pour le temps précieux que vous avez consacré à la lecture de notre ouvrage. Votre intérêt et votre soutien sont inestimables, et nous sommes honorés de savoir que nos mots ont pu trouver un écho auprès de vous.

Écrire un livre est un voyage exaltant, mais cela ne serait rien sans des lecteurs tels que vous, qui prennent le temps d'explorer les pages que nous avons créées avec passion. Votre engagement et votre fidélité sont la source même de notre inspiration. C'est grâce à vous que nous sommes poussés à continuer à produire des œuvres de qualité, pour partager avec vous nos réflexions, nos histoires et nos émotions.

Aujourd'hui, nous nous permettons humblement de vous adresser une demande spéciale. Si vous avez apprécié votre lecture et si notre livre a pu susciter en vous des émotions, des réflexions ou des moments d'évasion, nous vous invitons chaleureusement à laisser un commentaire sur Amazon. Votre avis compte énormément, non seulement pour nous en tant qu'auteurs, mais aussi pour d'autres lecteurs qui cherchent des recommandations sincères.

Vos commentaires, aussi courts ou détaillés qu'ils puissent être, peuvent faire toute la différence. Ils permettront à notre livre de se faire connaître davantage, d'atteindre de nouveaux lecteurs et de toucher des cœurs supplémentaires. Votre soutien est précieux et contribue à donner une visibilité à notre travail collectif.

Nous comprenons que laisser un commentaire peut sembler une tâche fastidieuse ou peu familière pour certains d'entre vous, mais nous vous assurons que cela ne prend que quelques instants. Et rappelez-vous, votre avis est important, car il encourage les auteurs à persévérer et à se dépasser dans leur art. En laissant des commentaires positifs, vous faites partie intégrante de notre motivation à continuer à écrire et à partager nos histoires avec le monde.

Encore une fois, nous tenons à vous remercier sincèrement pour votre temps, votre lecture et votre considération. Vous êtes la raison pour laquelle nous écrivons, et nous sommes profondément reconnaissants de pouvoir partager nos mots avec des personnes aussi merveilleuses que vous.

Au plaisir de continuer ce voyage littéraire avec vous !

Cordialement,

MetaMind Edition

Transformez votre vie en découvrant nos autres ouvrages de développement personnel (disponibles sur Amazon)...

- ❖ *Comment analyser les gens et déjouer la manipulation*
- ❖ *Tout comprendre à la PNL*
- ❖ *Comment être un leader*
- ❖ *Comment maitriser sa colère*

... et améliorez vos revenus avec l'aide de nos guides sur les revenus passifs

- ❖ *Le guide ultime des actions à dividendes*

Printed in France by Amazon
Brétigny-sur-Orge, FR

15548301R00056